# die ganze Welt von MAD MEN®

Dieses Buch gehört

..........................................................................

# die ganze Welt von MAD MEN®

TEXT UND ILLUSTRATION VON

DYNA MOE

NACH DER SERIE *MAD MEN*
VON MATTHEW WEINER

DIE AUTORIN DANKT:

WILL HINES DAN TELFER
JESSICA SARAH WILKES SILVIJA
STICKLES EDDIE MATT OZOLS
SUE GALLOWAY BRAWLEY CUTLER
"CHAMPAGNE" SPOONER

Dyna Moe
Die ganze Welt von Mad Men
Ein offizielles Mad-Men-Buch
Nach der Serie *Mad Men* von Matthew Weiner
Aus dem Englischen von Waltraud Götting

Originaltitel: Mad Men. The illustrated world

This edition published by arrangement with Perigee, a member of Penguin Group (USA) Inc.

1. Auflage 2011


Umschlaggestaltung und Illustrationen: Dyna Moe
Lektorat: Katharina Theml
Druck und Bindung: Appel & Klinger, Schneckenlohe
ISBN 978-3-8218-3689-8



Eichborn Verlag, Kaiserstraße 66, 60329 Frankfurt am Main
Mehr Informationen zu Büchern und Hörbüchern aus dem Eichborn Verlag
finden Sie unter www.eichborn.de

# INHALT

# DAS BÜRO

# WAS EIN CHEFSCHREIBTISCH ENTHÄLT

**Schale mit Murmeln:** Es gibt nichts Beruhigenderes.

**Brieföffner:** Ein Geschenk Ihres persönlichen Freundes J. Edgar Hoover.

**Alte Zeugnisse:** Irgendwann werden Sie darauf zurückkommen.

**Buddelschiff:** Es soll Sie daran erinnern, dass alles möglich ist, wenn man es sich nur fest vornimmt.

**Telefon:** Damit Ihre Sekretärin Ihnen sagen kann, wenn ein Anruf für Sie hereinkommt.

**Hemd zum Wechseln:** Man weiß nie, wann man besonders frisch aussehen muss.

**Uhren für alle Metropolen der Welt:** Ob die Jungs in London wohl spätabends noch arbeiten?

**Unterarm-Stretching-Fitnessgerät:** Um Stress auf möglichst einschüchternde Weise abzubauen.

**»Ich-liebe-dich-Daddy«-Valentinskarte von den Kindern:** Bewahren Sie sie für drohende Existenzkrisen auf.

**To-do-Liste:** Wäscherei, Handelsblatt lesen, Kampagne präsentieren, Kundengattin.

**Schuhkarton voll mit verfänglichen Fotos Ihres geheimen Alter Ego.**

**Bargeld:** Für Käufe, die nicht zurückverfolgbar sein sollen, oder für den Fall, dass Ihnen plötzlich die frischen Hemden ausgehen.

**Leselampe.**

**Schreiblampe.**

**Rechenlampe.**

**Schlüssel für die geheime Notfall-Schublade.**

**Schublade voll mit dem von Untergebenen konfiszierten Krimskrams:** Spielzeugpistolen, Klappergebisse, Furzkissen, Feuerwerkskörper.

**Lässige Krawatte.**

**Krawatte für außergeschäftliche Notfälle.**

**Vorrat an Visitenkarten.**

**Revolver:** Falls ein Kunde einmal sehr unzufrieden ist.

# DINGE, DIE EINE SEKRETÄRIN UNBEDINGT WISSEN MUSS

Aus *Miss Deavers Schulhandbuch für Sekretärinnen* (1963)

Eine erfolgreiche Sekretärin liebt das Gefühl, für einen wichtigen Mann unentbehrlich zu sein. Ihr ist bewusst, dass der Sekretärinnenberuf ein Höchstmaß an Loyalität, Verständnis und vor allem Takt voraussetzt. Tatsächlich ist sie die meiste Zeit damit beschäftigt, Kunden gegenüber das schlechte Benehmen ihres Chefs auszubügeln und gleichzeitig seinen Wurstfingern und seinen lüsternen Avancen auszuweichen. Die Ratschläge in diesem Abschnitt sollen Ihnen helfen, den Büroalltag zu vereinfachen, effizienter zu werden und die Klappe zu halten.

## DIE SEKRETÄRIN ALS STENOGRAFIN

In den klassischen Kurzschriftsystemen werden Wörter durch Buchstaben und Silben ersetzt. Hier ein paar Beispiele:

Sehr geehrte Damen und Herren,

mit diesem Schreiben teilen wir Ihnen mit, dass unsere Firma nicht über die nötigen Mittel und Arbeitskräfte verfügt, um Sie zu bezahlen.

Wir ziehen in ein anderes Gebäude um und schließen unsere Kreditorenbuchhaltung. Versuchen Sie doch, uns zu finden. Es wird Ihnen nicht gelingen. Weil Sie ein Volltrottel sind.

Ätschi bätschi.

Hochachtungsvoll
Harvey Pringsickle,
Mitglied des Vorstands

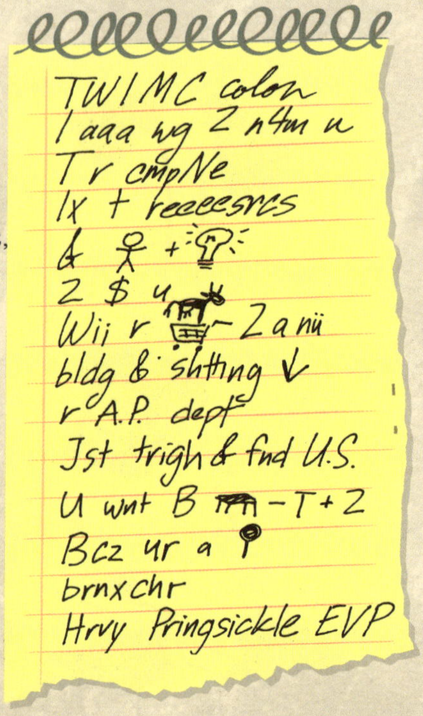


## DIE BÜROPOST

Auf Ihrem Schreibtisch sollten zwei als »Posteingang« und als »Postausgang« gekennzeichnete Kästen stehen. Das dient natürlich nur dem äußeren Schein. In Wirklichkeit sollte sich unter Ihrem Schreibtisch eine komplexe Anordnung von Rollkästen und Körben befinden, die es Ihnen ermöglicht, vor den Blicken anderer verborgen die einzelnen Umschläge über Dampf zu öffnen, die Briefe zu lesen, etwaige Ungehörigkeiten darin dem Vorgesetzten Ihres Chefs mitzuteilen und solche mit persönlichen Inhalten für mögliche Erpressungen oder als Schutz gegen Entlassung aufzubewahren. Suchen Sie zwei beliebige Briefe heraus, die Sie Ihrem Chef vorlegen, und schreddern Sie den Rest.

## ABLAGE

Um Ihr Ablagesystem optimal zu nutzen, müssen Sie unbedingt die Prinzipien verstehen, auf denen der Aufbau von Ablagesystemen beruht. Die meisten bedienen sich einer Kombination verschiedener Ordnungsprinzipien, seien sie nun alphabetisch, chronologisch oder geografisch, Register und Querverweise oder DDC. Denken Sie daran: Wenn jemand Ihr System durchschaut, sind Sie ersetzbar. Gestalten Sie es also so kompliziert wie möglich.

## DRUCKEN IM BÜRO

Heutzutage stehen eine Reihe moderner Verfahren zur Vervielfältigung von Schriftstücken zur Verfügung. Dazu gehören der Matrizendruck (die Sekretärin fertigt mit Hilfe einer Sicherheitsrasierklinge eine Matrize und schickt diese dann an eine Fachfirma), der Offset-Duplikator (von einer Druckplatte aus Metall können Tausende von Kopien gezogen werden), Spiritus-Umdrucker (Stoßgebete erforderlich), Multigraftechnik (ein spezielles Farbband wird in die Schreibmaschine eingespannt), Fotokopien (für Fotografien und mehrfarbige Schaubilder verwendet, werden sie von Fachfirmen hergestellt) sowie Direktdruck- und automatische Schreibmaschinen (vom Originalbrief wird ein Masterband oder -satz erstellt, von dem etwa 250 Abzüge gemacht werden können). Mit jedem dieser Verfahren kann man innerhalb von nur einer Woche Kopien fertigen lassen. Das Leben im Zeitalter der Moderne ist schon fantastisch!

**EXTRA-TIPP**

**Das »Lach-register« ist die unentbehrliche Triebfeder der Effizienz in jedem Büro. Es ist eine Liste, auf der die Angestellten entsprechend ihrer Kitzeligkeit registriert sind. Sie werden auf einer »Spaßskala« bewertet, die von »steinerner Klotz« bis »schriller Kreischer« reicht, und bei der jährlichen Kissenschlacht den entsprechenden Gruppen zugeordnet.**

## PFLEGLICHER UMGANG MIT GELD UND BANKKONTEN

Welches englische Wort weist nacheinander drei Doppelbuchstaben auf? Sie passen? Die Antwort lautet »bookkeeping« (Buchhaltung). Nachdem Sie diese Nebensächlichkeit erfahren haben, sollten Sie sich bemühen, kein Geld zu unterschlagen.

## DAS GESCHMACKVOLLE BÜRO

Berücksichtigen Sie bei der Ausstattung das Prinzip der Primär- und Sekundärfarben. Zu den vorgeschlagenen Farbkombinationen gehören:

- hellgrüne und gelbe Polsterbezüge und brauner Teppichboden.
- olivgrüne und beigefarbene Polsterbezüge, beiger Teppichboden, eine Wand weiß, die übrigen blassgrün angelegt, dazu weiße Übergardinen. Ein olivgrüner Schreibtisch mit weißer Platte würde sich in diesem Büro hervorragend machen.
- gelblich beige, gold- und orangefarbene Polsterbezüge und goldgelber Vinylfußboden.

Versuchen Sie sich an diese Vorschläge zu halten. Schließlich wollen Sie, dass Ihr Büro zeitlos und modern wirkt und nicht wie ein Relikt aus einer bestimmten Zeit, das dann in allseits hochgelobten Fernsehserien auftaucht.

Tauschen Sie umgehend alle Glühbirnen gegen Neonröhren aus. Vielleicht möchten Sie auch die Fenster zumauern. Im grellen Lichtflimmern der Neonröhren ist es leichter, unkonzentrierte Angestellte und Epileptiker auszusortieren.

Blumen und Grünpflanzen setzen in jedem Büro angenehme Akzente. Bei knapper Kasse sind Plastikblumen eine reizvolle Alternative. Sie dürfen nur nicht zu Staubfängern verkommen! Nichts ist deprimierender als ein staubüberzogenes künstliches Blumengesteck. Nichts. Nicht einmal dieses eine Mal, als Sie sich heimlich in den Arm schnitten, während Sie Ihr Gesicht im Spiegel anstarrten, nur um zu sehen, ob Sie *überhaupt* etwas empfinden können.

# Bürounfall

## Die Notamputation

Nehmen Sie kochendes Wasser zum Sterilisieren sämtlicher Schneidwerkzeuge. Wenn Sie schon dabei sind, setzen Sie gleich eine neue Kanne für den Rest der Belegschaft auf. Das ist nur fair.

Versuchen Sie, den Patienten mit Ihren besten Suffgeschichten abzulenken. Aber meiden Sie Anspielungen auf Ihren schwankenden Gang oder Redewendungen wie: »die Füße unter den Arm nehmen« oder »auf eigenen Füßen stehen«.

Zeitungen können Blut aufsaugen, aber vergewissern Sie sich, ob alle Kollegen schon dazu gekommen sind, sie zu lesen. Nehmen Sie die Kleinanzeigen; die mag keiner.

Holen Sie den Papierschneider aus der Kreativabteilung. Menschen sind dicker als Papier, und es kann sein, dass Sie mehrere Anläufe brauchen, um zerquetschte, halb abgetrennte Gliedmaßen zu entfernen. Lassen Sie nicht locker!

Gürtel eignen sich hervorragend als Aderpresse. Borgen Sie sich einen Gürtel von einem Kollegen mit gut sitzender Hose, um peinliches Herunterrutschen derselben zu vermeiden. (Zur Not nehmen Sie den hässlichsten Schlips. Sie retten nicht nur ein Leben damit, sondern tun dem Typen obendrein einen Gefallen.)

Verwenden Sie billigen Fusel zum Sterilisieren der Wunde. Nehmen Sie eine Flasche von der Saufnase des Büros und heben Sie den guten Stoff auf – alle werden ein Glas brauchen, wenn sie das hinter sich gebracht haben.

# BOB VS. WERBUNG

»Das wirklich Gefährliche an den Werbeleuten ist, dass sie Bilder kreieren«, sagte Bob Newhart in seinem Comedy-Album *The Button-Down Mind of Bob Newhart,* um dann in einer siebenminütigen Standpauke über Präsidentschaftswahlen und den Einfluss der Werbebranche auf die Kandidaten herzuziehen. Seinem Programm zufolge war Lincoln kein sonderbarer und undurchschaubarer Charakter mehr, sondern eine Reihe wohlkalkulierter, von einem PR-Manager subtil lancierter Möglichkeiten (oder deren Fehlen). Der Hut, der Bart, sogar der abendliche Theaterbesuch – all das kam angeblich aus der aalglatten und gefühllosen Welt der Männer von der Madison Avenue – dieser eloquenten Schwätzer, die unsere gesamte Kultur formten.

Das Erste, was die Werbeleute Bobs Vorstellung zufolge über die Gebrüder Wright sagen würden, wäre: *Wie sollen all die Passagiere da reinpassen?* Und: *Gibt es eine Toilette?* Die großartige Errungenschaft der Fliegerei trat zugunsten der praktischen Frage, wie man das Ganze einem nörgeligen, reizbaren Publikum verkaufen sollte, in den Hintergrund.

Bob war eine eigenartige Alternative zu den Borscht-Belt-Komikern seiner Zeit. Ohne jede Aufdringlichkeit und mit höchstens einem Anflug von Ironie entwarf er eine hypothetische Situation, verkündete, dass es »ein bisschen so gehen könnte«, und nahm im Nu die Stimme eines seiner Protagonisten an. Während er anfangs wie ein bescheidener Buchhalter daherkam, war er genauso in der Lage, die smartesten aller arbeitenden Menschen, die Werbeleute, zu parodieren.

Viele seiner Programme waren einseitige Unterhaltungen, in denen man sich das vom Gesprächspartner Gesagte vorstellen musste, und Newhart nutzte die Pausen, um das Gefühl der Verlegenheit und Anspannung noch zu steigern. Das Prinzip ergab sich fast von selbst; 1958 hatte er seine Karriere als Komiker begonnen, indem er mit einem Kollegen, der wie er als Werbetexter arbeitete, lange, fiktive Telefonate führte und seine eigenen Parodien aufzeichnete und als Demobänder an einen Radiosender schickte. (Diese radiofreundliche Audiogenese ist der Grund, warum seine Comedy-Alben bis heute so beliebt und einflussreich sind.)

*The Button-Down Mind of Bob Newhart* war ein augenblicklicher Erfolg. In den Charts überflügelte das Album sogar Elvis Presley, dessen Gestammel ebenso beabsichtigt war, aber vielleicht mit etwas mehr Verve vorgetragen wurde.

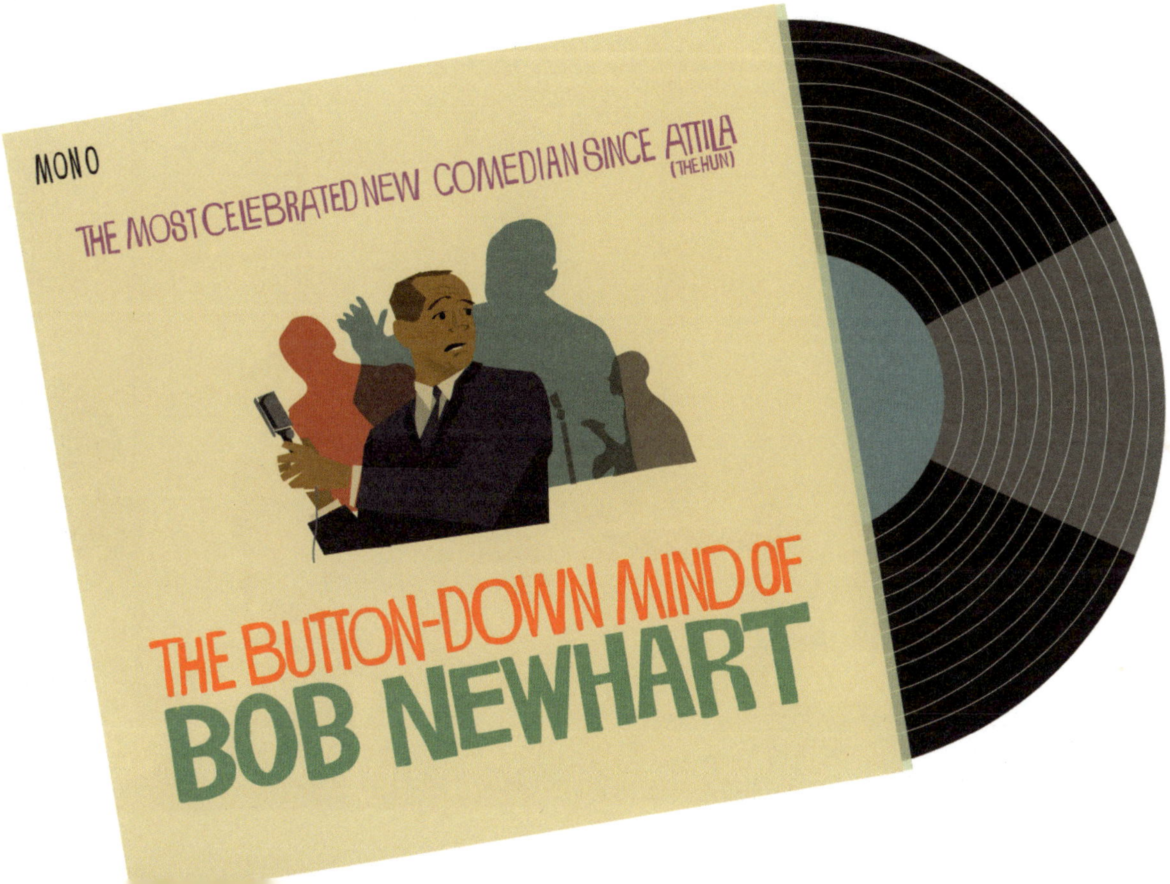

# DIE ERFINDUNG DES BÜROS

Der Begriff des »Büros«, wie wir es kennen, ist eine eher noch junge Erfindung der Moderne. In der Viktorianischen Zeit hatte jeder Durchschnittsbetrieb einen Schreiber, der die einfachen Buchführungsarbeiten erledigte; aber ganze Etagen voller Schreibtische mit Bürolingen, die nichts anderes tun, als Papiere herumzuschieben, gibt es erst seit Beginn des 20. Jahrhunderts.

Das Büro wurde nach dem Vorbild von Fabriken konzipiert: endlose Reihen gleicher Schreibtische mit Menschen, die Zahlen in der gleichen Weise weghämmerten wie ihre niederen Pendants Nieten in Traktoren, in elektrische Ventilatoren oder was immer sie an Massengütern herstellten. Alles drehte sich um »Effizienz«, man quetschte in einen Tag so viel Arbeit wie nur möglich und betrachtete die Angestellten als mechanische Verlängerung ihrer Rechenmaschinen. Reden während der Arbeitszeit war verboten, und der Arbeitsplatz durfte außer zu festgelegten Pausenzeiten nicht verlassen werden.

Ein prominenter Vertreter dieses Prinzips war F. W. Taylor, der behauptete, es gebe nur eine optimale Art, »one best way«, eine Arbeit zu erledigen, und die müsse den Beschäftigten rigoros aufgezwungen werden. Wie sie dazu standen, interessierte ihn nicht, weil sie in seinen Augen ohnehin zu dumm waren, um zu verstehen, was sie taten. Er war, wie Sie sich denken können, bei den Gewerkschaften nicht sehr beliebt, dagegen fanden seine Schriften zum Scientific Management bei Hitler und Lenin großen Anklang.

Ein Anhänger Taylors, Frank Bunker Gilbreth, nutzte modernste Film- und Fototechniken, um die Effizienz von Bewegungsabläufen zu analysieren. Zu seinen Lieblingsexperimenten gehörte es, Glühbirnen an den Händen einer Sekretärin zu befestigen, während sie Schreibarbeiten erledigte. Die Lichtbögen, die dadurch auf einem lange belichteten Foto erzeugt wurden, wertete er als Beweis für »verschwendete Bewegungsabläufe«, die durch strengere Regeln korrigiert werden müssten. (Gilbreths Liebe zur Effizienz wirkte sich auch auf sein Familienleben aus, über das sein Sohn, das fünfte von zwölf Kindern, das Buch *Im Dutzend billiger* schrieb.)

In den 1950ern kam schließlich die neuartige Theorie auf, dass ein zufriedener Arbeiter produktiver sei. Heute mögen Neonlampen und abgehängte Decken aus Akustikplatten gleichbedeutend mit Depressionen am Arbeitsplatz sein, aber in den Büros der Jahrhundertmitte galten sie als modern und sauber und boten Raum für zentrale Klimatisierung und Heizung. Zum ersten Mal waren die Büroräume wesentlich besser ausgestattet als die Wohnungen der meisten Angestellten. In den 1950ern entwickelte das Quickborner Team unter der Leitung von Eberhard und Wolfgang Schnelle das Konzept der »Bürolandschaft«. Plötzlich sprossen in Bürogebäuden Topfpflanzen, und moderne Möbel fügten sich in harmonischen Gruppen in einen offenen Grundriss. Leider wurden Mitte der 1960er die Trennwände erfunden, die in der frei fließenden Bürolandschaft für etwas Privatsphäre sorgen sollten. Es war der Anfang vom Ende.

# DAS RÜSTZEUG DER SEKRETÄRIN

**Telefon:** Zu seinen topmodernen Merkmalen gehört eine spiralige Einmeterschnur, die wissenschaftlich so ausgeklügelt ist, dass sie bei langweiligen Telefonaten möglichst oft um den Finger gewickelt werden kann.

**Schreibmaschine:** Auch wenn Sie die beste WPM-Quote im Büro haben, wird niemand auf die Idee kommen, Sie »QWERTZ-Queen« zu nennen.

**Schreibtischlampe:** Benutzen Sie eine Niedrigwattbirne, um sich in schummrigem Greta-Garbo-Licht zu präsentieren; drehen Sie eine sehr starke Glühbirne ein, um Verdächtige in Polizeistaat-Manier zu verhören.

**Aktenschrank:** Wie ein stählernes Mausoleum in Reichweite ist er der Ort, an den sich drei Jahre alte Presseerklärungen begeben, um zu sterben.

**Kohlepapier:** Effizienter als ein Schreibermönch, aber dafür etwas schmuddeliger.

**Rechenmaschine:** Der Umgang mit dieser Krone der mathematischen Raffinesse setzt einen dreiwöchigen Qualifizierungsintensivkurs voraus.

**Kopierer:** Als die Leute erst einmal heraushatten, dass man damit seine Geburtstagseinladungen kopieren kann, nahm die Heimlichtuerei im Büro um 25 Prozent zu.

**Gummi-Fingerkappen:** Tragen Sie diese beim Aktenblättern, um Papierschnitte zu vermeiden. Sie eignen sich auch als Ohrstöpsel, wenn Leute darüber lachen, wie albern sie an Ihren Fingern aussehen.

**Hefter:** Ein Hefter ist ein Hefter.

# Die Requisiten der Kreativabteilung

**MAGIC MARKER**
Die frühen Markerstifte sind teuer, trocknen leicht aus und stinken nach Formaldehyd.

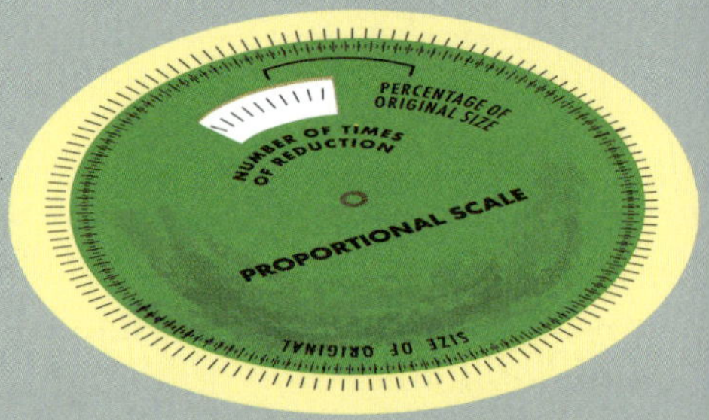


**PROPORTIONAL-RECHENSCHEIB**
Durch Drehen erfährt man, in welcher Verkleinerung das endgültige Bild geschossen werden muss.

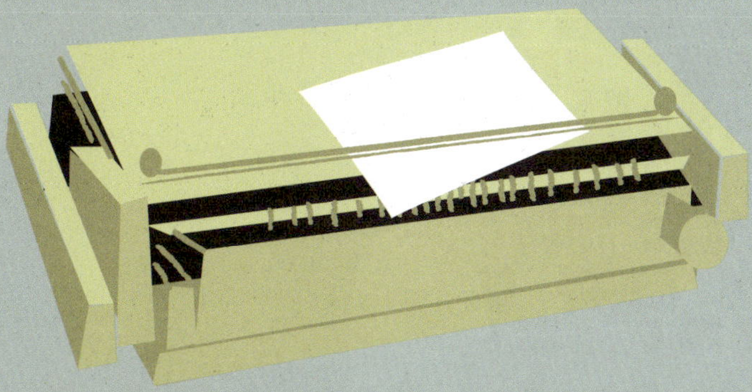

**WACHSGERÄT**

Eine Alternative zur Gummilösung beim Klebeumbruch. Bringt eine dünne Schicht hoch erhitztes Flüssigwachs auf die Rückseite einer Zeichnung auf … und auch sonst auf alles, was sich in den Rollen verfängt.

**TYPOMETER**

Zur Berechnung des Durchschusses bei einer bestimmten Schriftart und -größe und gegebenem Satzspiegel.

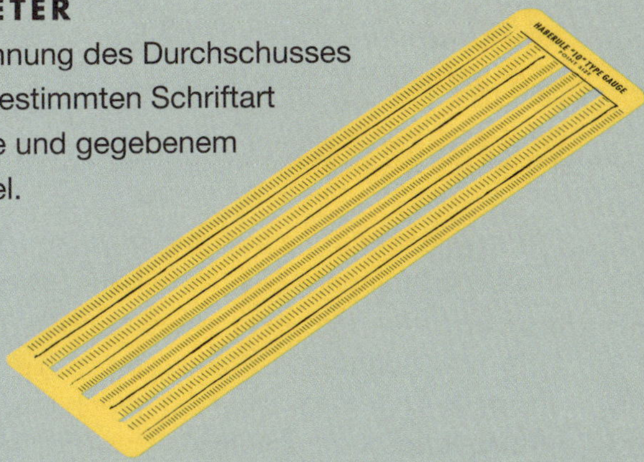

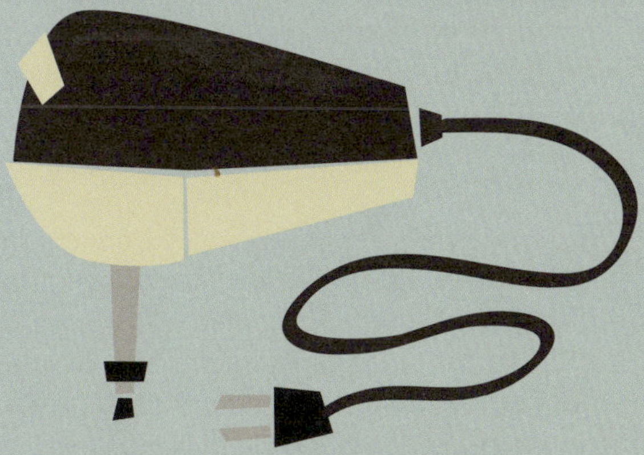

**LÖSUNGSMITTEL**

Entfernt die Wachs- und Gummikleckse, die sich überall verteilen. Wenn Sie nicht schon wegen massiver Verbrennungen in Ohnmacht gefallen sind, gibt Ihnen der giftige Geruch bekannter Karzinogene den Rest.

**ELEKTRORADIERER**

Wird mit einem »Radierschutz« aus Metall verwendet, weil der Zahnbohrermotor im Innern die Tendenz hat, dem Benutzer zu entfliehen und durch Zeichenbretter, Schreibtischplatten und menschliches Fleisch durchzuradieren.

**ROLLKOMMODE**

Weil alles irgendwo verstaut werden muss.

**KURVENLINEAL**

Egal wie ausgefeilt die Technik ist, es bleibt immer noch Platz für krude Sexwitze.

# UMGANG MIT SCHWIERIGEN KUNDEN

Ein schwieriger Kunde kann fast so anstrengend und quengelig sein wie ein neugeborenes Baby. Nur dass man einem Kunden nicht die Brust geben kann, um ihn zu beruhigen. Nun ja, Sie könnten schon …, aber hier sind ein paar andere Vorschläge:

**1.** Schalten Sie eine 24-Stunden-Telefonleitung nur für Ihren schwierigen Kunden. Richten Sie eine Weiterleitung zu einer Mitarbeiterin ein, deren einzige Aufgabe es ist, Zimtbrötchen zur Befriedigung des unstillbaren Appetits Ihres Klienten zu backen. Ein gut genährter Kunde ist weniger unangenehm.

**2.** Bauen Sie Vertrauen und Zuversicht bei Ihrem Kunden auf, indem Sie ihn überzeugen, dass Sie ein Mensch mit festen Prinzipien und Wertvorstellungen sind. Veranstalten Sie improvisierte Bibellesungen mit der Familie, denen sich Ihr Kunde zugesellen kann. Nehmen Sie das Buch Hiob: Nach allem, was er Ihnen zugemutet hat, sollte das auf offene Ohren stoßen.

**3.** Wenn er am Set unverschämt wird, schlafen Sie mit seiner Frau.

**4.** Ein anstrengender Kunde erwartet von Ihnen, dass Sie alles, was Sie tun (schlafen, essen, eine Kindergartenbetreuerin anmachen), sein lassen und zu jeder Tages- oder Nachtzeit für eine Besprechung zur Verfügung stehen. Zeichnen Sie den kürzesten Anfahrtsweg zu Ihrem Kunden auf. Vielleicht wäre es hilfreich, einen Flaschenzug einzurichten, der Sie direkt in Ihr Auto befördert. Jede gewonnene Minute ist eine Minute, mit der Sie Ihren Kunden beglücken.

**5.** Flüssiger Mutmacher. Trinken Sie so viele Highballs wie möglich, damit Sie den Tag überstehen.

**6.** Wenn Ihr Kunde etwas erklärt und dabei irgendetwas von sich gibt, das als Zweideutigkeit verstanden werden könnte, warten Sie ab. Halten Sie ihm zugute, dass er vielleicht doch über Geschäftliches redet und nicht über Sex. Wenn das Geschäft besiegelt und der Kunde gegangen ist, stellen Sie fest, dass er wirklich eine sexuelle Anspielung gemacht hat, und gehen wieder zum Alltag über.

**7.** Seien Sie ernst, selbstsicher und stark, wenn Sie mit Ihrem Kunden reden. Er wird das respektieren. Nach ein paar Sekunden Respekt wird er Sie abkanzeln wie einen Fünfjährigen, und Sie werden das respektieren. Sehen Sie unter Punkt 4 nach, wie Sie noch mehr Respekt gewinnen können.

**8.** Seien Sie wie der Sohn, den er nie hatte. Überhaupt, warum lassen Sie ihn nicht wirklich glauben, dass Sie sein Sohn sein könnten? Ändern Sie Ihre Art zu reden ein bisschen, halten Sie den Händedruck ein wenig länger, um eine Beziehung herzustellen, fälschen Sie ein paar Dokumente – in Letzterem sind Sie ohnehin schon recht gut, das dürfte also kein Problem für Sie sein.

**9.** Wenn er den Mond haben will, holen Sie ihm den Mond. Wahnsinnige haben eben eine Affinität zum Mond.

**10.** Wenn alles nichts nützt, geben Sie ihm die Brust.

# DIE GASTLICHEN AMBITIONEN DES CONRAD HILTON

1887 als Sohn von Augustus Halvorson Hilton, Mary Genevieve Laufersweiler und des harschen Wüstensandes von New Mexico geboren, war Conrad Hilton schneidig und elegant zugleich. Er hatte eine große Familie und war entschlossen, sich schon in jungen Jahren einen Namen zu machen. Zwar bot ihm sein Vater eine Stellung in einem von ihm erworbenen Hotel an, aber diese Anfangsstellung schien ihm seinen Fähigkeiten nicht gerecht zu werden. In den 1910ern diente er seinem Land als Senator und in der Armee.

Normalerweise versuchen Unternehmer, aus nichts Geld zu machen. Conrad dagegen hatte die Gewinnverheißungen des Krieges erkannt. Und er hatte erkannt, dass Vormacht nichts mit Politik zu tun hat, sondern vielmehr damit, dass man seinen Namen quer über die Landkarte verbreitet. Conrad kratzte Investitionskapital von jeder nur erdenklichen legalen Quelle zusammen, bis kein Projekt mehr zu kostspielig für seinen Geldbeutel zu sein schien. Das 1925 erbaute Hilton in Dallas kostete spektakuläre 1 360 000 Dollar und steht noch heute. Aber als die Weltwirtschaftskrise hereinbrach, zeigte er nicht weniger Geschick darin, den Gürtel enger zu schnallen.

Kaum neigte sich die Krise dem Ende zu, streckte sein Imperium erneut seine mächtigen Tentakel aus, und er trug seinen Teil dazu bei, die Wirtschaft wieder aus der Krise zu führen. In weniger erfolgreichen Niederlassungen wurden leer stehende Etagen geschlossen. In Gästezimmern wurde an Telefonverbindungen gespart. Und nach ein paar Jahren Pfennigfuchserei konnte er alles zurückkaufen, was er verloren hatte. Seine Hotels, fest verwurzelt in seinem Heimatstaat wie in Texas, schossen überall in den USA so zahlreich wie die Kriegsgärten aus dem Boden. In anderen Kontinenten wurden 54 Häuser eröffnet. Und nach schier endlosen Querelen mit den Besitzern konnte Conrad als Kronjuwel seiner Nachkriegserrungenschaften das berüchtigte Waldorf-Astoria in New York erwerben.

Aber er ruhte sich keineswegs auf seinen Erfolgen aus. Er erhielt sechs Ehrendoktortitel und schrieb auf der Höhe seines Erfolges eine Autobiografie. Dieser eindrucksvolle, tatkräftige Mann war dafür bekannt, dass er sich nicht nur in mittleren Jahren, sondern noch mit 90 auf den Golfplätzen dieser Welt fit hielt. Strahlende Sternchen pflasterten seinen Weg zu einem ruhigeren und gesetzteren Familienleben, und seine dritte Frau erwies sich als seine größte Liebe. Er starb als glücklicher Milliardär, dessen Vermächtnis als unzerstörbare Kraft bis ins 21. Jahrhundert weiterwirkt.

# DAS HEIM

# Die Pendlerstrecke

Wohin man auch blickt, überall behauptet der Mensch seine Überlegenheit über die Natur. Und welche industrielle Errungenschaft wäre angenehmer als ein stählerner Zug, der Sie von Ihrem Büro in der Innenstadt zu Ihrem beschaulichen Heim außerhalb bringt.

**Grand Central Terminal** — Vermeiden Sie jeden Blickkontakt mit Fremden, wenn Sie Ihren Sitzplatz einnehmen. Einer von ihnen könnte ein Kamerad aus Korea sein, der darauf aus ist, Ihre wahre Identität aufzudecken. Nun ja, wenn Sie Don sind, ist die Gefahr überschaubar.

**University Heights** — Der Streckenabschnitt von Manhattan bis zum Außenbezirk der Bronx ist vielleicht der richtige Zeitpunkt, den Barwaggon aufzusuchen und sich einen Gibson für die Fahrt zu besorgen, mit dem Sie das Bild der Sekretärin, das sich in Ihre Netzhaut gebrannt hat, wegspülen können.

**Yonkers** — An diesem Punkt der Pendlerstrecke fängt die Zeitung vielleicht an, Ihnen langweilig zu werden. Wenn Sie ein ganz großes Tier in der Werbebranche sind, könnte es natürlich auch sein, dass an dieser Stelle Ihre Geliebte, Suzanne, sich auf den Sitz neben Ihnen gleiten lässt.

**Tarrytown** — Die Stadt, in der Dons drittes Kind, Eugene Scott Draper, geboren wurde. Einmal im Jahr kann man Don vielleicht sehen, wie er, um der Geburtstagsparty seiner Ältesten zu entgehen, am Bahnübergang gegenüber der Metrostation betrunken über seinem Lenkrad hängt.

**Ossining** — Die Station, an der Don aussteigt, wenn ihm danach ist, nach Hause zu gehen.

**Peekskill** — Hat Don Sie gerade genötigt, den Lincoln Ihres Vaters in seiner Garageneinfahrt stehen zu lassen? Keine Sorge, Ihr Haus in Peekskill ist nur eine kurze, erniedrigende Zugfahrt entfernt.

**Poughkeepsie** — Sie sehen Ihre Mutter und Ihren Halbbruder vor sich, wie sie heulend vor dem Zugfenster stehen? Aufwachen! Sie haben den richtigen Bahnhof verschlafen und sind in Poughkeepsie.

# Pärchenmenü für Frisch-verheiratete

Das Herz jeder jungen Hausfrau schlägt höher, wenn sie sieht, wie das Gesicht ihres hart arbeitenden Ehemannes aufleuchtet bei der Aussicht auf ein mit Liebe zubereitetes Essen nach einem langen Tag im Büro.

## Salatviertel mit Blauschimmelkäse-Dressing

**½ Tasse heller Essig • 1 ½ Tassen Pflanzen- oder Rapsöl • 1 ½ TL Salz • 2 TL Zucker • 1 dünne Scheibe Zwiebel • ½ TL Paprikapulver (optional) • ½ TL Senfpulver • 115 g Blauschimmelkäse • ½ Kopf Eisbergsalat**

Essig, Öl, Zucker, Zwiebel und Gewürze im Mixer pürieren. Den zerkrümelten Käse zufügen und vorsichtig zur gewünschten Konsistenz, klumpig oder glatt, vermischen. Eine Salathälfte in zwei gleich große Viertel teilen, mit dem Käsedressing beträufeln und auf Salattellern servieren.

## Steak Diane

**3 EL Butter • 2 Filetsteaks vom Rind (je 140 g) • 2 EL Cognac • 4 EL Sherry • 2 EL Süßrahmbutter • Schnittlauch, gehackt, zum Garnieren • Salz und Pfeffer nach Geschmack**

Die Steaks einzeln braten. Die Hälfte der Butter in einer großen Bratpfanne erhitzen. Ein Steak hineingeben und auf beiden Seite nach Geschmack braten. Die Hälfte des Cognacs über das Steak gießen und anzünden. Die Flamme mit der Hälfte des Sherrys löschen, dann die Pfanne vom Herd nehmen, das Steak auf einen Teller legen, mit der Hälfte der Süßrahmbutter bestreichen, mit Schnittlauch bestreuen, salzen und pfeffern. Den Vorgang mit dem zweiten Steak wiederholen.

**Tipp:** *Fangen Sie erst mit dem Braten an, wenn Ihr Mann zu Hause ist. Sie wollen ja nicht, dass das Steak trocken wird! Andererseits wollen Sie auch nicht, dass Ihr hungriger Ehemann auf sein Essen warten muss. Also machen Sie schnell.*

## Erbsen und Speck

**½ mittelgroße Zwiebel, gehackt • 1 EL Butter • 2 Scheiben Frühstücksspeck, gewürfelt • 1 Dose (460 g) Erbsen, abgetropft • Salz und Pfeffer nach Geschmack**

Zwiebel in Butter weichdünsten. Speck zufügen und weiterdünsten, bis alles gebräunt ist. Erbsen zugeben und gründlich erhitzen.

## Parker-House-Brötchen

Kaufen Sie eine Tüte tiefgefrorene Brötchen im Supermarkt und befolgen Sie die Zubereitungsanleitung. Ihre Küche ist keine Backstube, und Sie sind eine viel beschäftigte Frau.

## Tante Alices Zitronentraum

**1 Päckchen Götterspeisenpulver mit Zitronengeschmack • 1 TK-Packung Schlagsahneersatz (z. B. Cool Whip), aufgetaut**

Die Götterspeise nach Packungsaufdruck zubereiten und in einer großen Schüssel mit viel Platz oberhalb der Puddinglinie fest werden lassen. Nach der Hälfte der zum Festwerden angegebenen Zeit die Hälfte des Sahneersatzes unterrühren, bis das Ganze eine glatte, undurchsichtig gelbe Creme bildet. Die Oberfläche glatt streichen oder die Masse in eine andere Form umgießen. Eine Stunde oder mehr ruhen lassen und mit der restlichen Schlagcreme garniert als Beilage zum Hauptgang oder als Nachspeise servieren.

# „WAS DARF'S SEIN, DADDY?"

## PLANTER' PUNCH

6 cl Orangensaft
6 cl Ananassaft
6 cl Lime Juice (Rose's)
3 ¾ cl weißer Rum
3 ¾ cl brauner Rum
3 ¾ cl Jamaika-Rum
1 TL Grenadine

Saft und Rum im Shaker kräftig schütteln, in ein Glas mit zerstoßenem Eis füllen und einen Spritzer Grenadine dazugeben.

## MINT JULEP

4 Tassen Wasser
2 Tassen Zucker
4 Tassen frische Minzeblätter, gehackt
4 Tassen Bourbon

Wasser und Zucker in einem Topf zum Kochen bringen und bei mittlerer Hitze 10 Minuten kochen lassen. Minzeblätter zufügen und auf niedrigster Stufe weitere 30 Minuten köcheln lassen. Über Nacht bei Zimmertemperatur stehen lassen. Durch ein Sieb gießen. Julepbecher mit zerstoßenem Eis füllen. Bourbon und Minzesirup vermischen und über das Eis gießen. Mit Minzeblättern garnieren.

# WHISKY SOUR

4 cl Whisky
12 cl Sour-Mix (Rezept siehe unten)
1 Cocktailkirsche

Whisky und Sour-Mix in einem großen altmodischen Glas mit zerstoßenem Eis verrühren, mit der Kirsche garnieren und servieren.

*Sour Mix*
3 cl Zitronensaft
30 g Zucker
6 cl Wasser

Zitronensaft und Zucker vermischen, Wasser aufgießen und rühren, bis der Zucker aufgelöst ist.

# ROZEN DAIQUIRI

4 cl weißer Rum
1 EL Triple Sec
4 cl Limettensaft
1 TL Zucker
1 Tasse zerstoßenes Eis
1 Cocktailkirsche

Alle Zutaten (außer der Kirsche) in den Mixer geben. Fünf Sekunden auf niedriger Stufe, dann auf höchster Stufe so lange mixen, bis alles fest ist. Mit der Kirsche garnieren und sofort servieren.

# PINK LADY

4 cl Gin
1 TL Grenadine
1 TL süße Sahne
1 Eiweiß

Zutaten mit Eis im Shaker kräftig schütteln, in Cocktailgläser seihen und servieren.

# CUBA LIBRE

2 ¼ cl Limettensaft
6 cl weißer Rum
15 cl Cola

Limettensaft und eine Limettenspirale in ein Longdrinkglas geben, Rum zufügen und mit Cola auffüllen.

# BLOODY MARY

3 cl Wodka
9 cl Tomatensaft
1 Prise Selleriesalz
1 Spritzer Tabasco
2–4 Spritzer Worcestershiresauce
⅛ TL Meerrettich
1 Spritzer Zitronen- oder Limettensaft

Wodka in ein mit Eis gefülltes Longdrinkglas gießen. Mit Tomatensaft auffüllen und restliche Zutaten unterrühren. Mit einer Selleriestange garnieren.

# WODKA GIMLET

6 cl Wodka
1 ½ cl Limettensaft

Im Shaker mit Eis kräftig schütteln und in eine vorgekühlte Cocktailschale seihen. Mit einer Limettenspalte servieren.

# Menü für die förmliche Abendeinladung

Holen Sie das gute Porzellan aus dem Schrank, und sorgen Sie dafür, dass die Möbel abgestaubt und die Kinder unsichtbar sind und dass das europäische Importbier kalt gestellt ist. Sie sind die Schattenpartnerin für den Erfolg Ihres Mannes, wenn er wichtige Kunden und deren Ehefrauen zu einem selbst zubereiteten, förmlichen Abendessen nach Hause eingeladen hat; also denken Sie daran, Aussehen ist alles, und zu viel Würze kann den Geschmack verderben; tischen Sie etwas auf, das den Augen und dem Gaumen schmeichelt.

## Gebratene Lammkoteletts

So fein und doch so leicht zu portionieren, je nachdem wie viele Überraschungsgäste Ihr Mann ohne Vorwarnung in letzter Minute noch einlädt.

**1 ½ bis 2 cm dicke Lammkoteletts (1 Stück pro Person) • italienische Kräutergewürzmischung • 2–3 Tomaten, in Scheiben geschnitten**

Den Fettrand der Koteletts mehrmals einschneiden. Die Koteletts in eine Grillpfanne legen und die Oberseite mit einer Kräuter-Olivenöl-Mischung einpinseln. 8–10 Minuten grillen, umdrehen, auf der anderen Seite mit dem Kräuteröl einpinseln und weitere 4 Minuten braten. Mit den Tomatenscheiben angerichtet auf einer Platte servieren.

## Feine Gemüsesülze

Eigentlich ist dies ein Salat. Die Gelatine macht daraus ein Salatkunstwerk.

**2 Päckchen Gelatinepulver (z. B. Jell-O) • 3 ½ Tassen heißes Wasser • ¼ Tasse Zucker • ½ TL Salz • 1 EL Essig • 2 EL Zitronensaft • 1 Tasse Blumenkohlröschen, gekocht • ½ Tasse Karottenwürfel, gekocht • ¼ Tasse Stangensellerie, gewürfelt • ¼ Tasse Radieschen, in Scheiben geschnitten • ¼ Tasse Frühlingszwiebeln oder Schnittlauch, gehackt • 9–12 grüne Bohnen oder grüne Spargelstangen • 3–4 Streifen rote Paprika, frisch oder geröstet**

Die Gelatine in heißem Wasser auflösen und mit Zucker, Salz, Essig und Zitronensaft verrühren. Den Boden einer Kastenform mit einer gut zentimeterdicken Schicht der Gelatinemischung bedecken und kalt stellen, bis sie fest ist. Inzwischen Blumenkohl, Karotten, Sellerie, Radieschen und Frühlingszwiebeln mit der restlichen, noch warmen Gelatine vermischen und beiseitestellen. Wenn die Gelatine in der Kastenform fest ist, Bohnen oder Spargel und Paprika hübsch darauf arrangieren. Die Gemüse-Gelatine-Masse vorsichtig darübergießen, kalt stellen und fest werden lassen. Salatblätter und Petersilie auf einer Platte auslegen und die Sülze zum Servieren daraufstürzen.

## Reisring

Ringformen geben ungeordnetem Reis Halt und Struktur, was beweist, dass Sie Ihren Zutaten alles abverlangen.

**1 Tasse Risottoreis • ½ TL Muskatnuss, gemahlen • ¾ Tasse Mandeln oder Pecannüsse, gehackt • ¼ Tasse zerlassene Butter • 1 EL Petersilie, gehackt • Salz und Pfeffer nach Geschmack • 1 Dose Champignons, in Scheiben geschnitten • 2 Dosen von irgendeiner beliebigen Cremesuppe**

Reis mit zwei Tassen Wasser aufkochen und zugedeckt auf niedriger Stufe 25–30 Minuten quellen lassen. Den Reis in einer Schüssel mit Muskatnuss und Mandeln vermischen, in eine 18-Zentimeter-Ringform füllen und fest andrücken. Butter über den Reis träufeln. Die Form in eine Pfanne mit heißem Wasser stellen und 20 Minuten bei 180°C backen. Wenn die Form so weit abgekühlt ist, dass man sie anfassen kann, Rand vorsichtig mit einem Messer lösen und den Reisring auf eine Platte stürzen. Nach Geschmack mit Salz, Pfeffer und Petersilie bestreuen und in der Mitte des Rings Cremesuppe und Champignons, die zuvor getrennt erhitzt wurden, anrichten.

# Rosa Traum

Wie die feine Gemüsesülze ist diese tiefgefrorene Rolle eigentlich ein »Salat«, aber tischen Sie sie ruhig als Nachtisch auf. Bis dahin sind ohnehin alle schon voll.

**180 g Frischkäse, Zimmertemperatur • 1 Tasse Mayonnaise • 1 Dose (325 g) Obstcocktail, abgetropft • ½ Tasse Cocktailkirschen, abgetropft und geviertelt • 2 ½ Tassen Mini-Marshmallows oder 24 große Marshmallows, klein geschnitten • 1 Tasse Schlagsahne oder Schlagsahneersatz (z. B. Cool Whip) • rote Lebensmittelfarbe oder Saft der Cocktailkirschen**

Frischkäse und Mayo in einer großen Schüssel verrühren. Obstcocktail und Marshmallows zufügen und umrühren. Unter Rühren tropfenweise Lebensmittelfarbe oder teelöffelweise Kirschsaft zugeben, bis die Masse die gewünschte Rosafärbung hat. In zwei runde Behälter (z. B. ausgespülte Kaffeedosen) füllen und mit Frischhaltefolie bedeckt mindestens 6 Stunden ins Gefrierfach stellen. Vor dem Servieren ein paar Minuten bei Zimmertemperatur stehen lassen, dann auf eine Platte stürzen, in Scheiben schneiden und mit restlichem Obst garnieren.

# SCREW DRIVER

6 cl Wodka
15 cl Orangensaft

In einem Longdrinkglas mit Eis mischen und mit einer Orangenscheibe garnieren.

# MAI TAI

3 cl heller Rum
3 cl dunkler Rum
3 cl Triple Sec
1 ½ cl Limettensaft
1 ½ cl Orgeat/Mandelsirup

Zutaten im Shaker kräftig schütteln und über zerstoßenem Eis abseihen. Mit Obstspalten und Minzeblättern garnieren.

# HOT TODDY

3 cl Cognac
3 cl Honig
½ Zitronenscheibe

In einem Becher oder einer Punschtasse mischen und mit heißem Wasser auffüllen. Mit einer Zimtstange umrühren, wenn gewünscht.

# SIDECAR

3 cl Cointreau
3 cl Zitronensaft
3 cl Cognac

Zutaten mit zerstoßenem Eis im Shaker kräftig schütteln und in ein eisgekühltes Cocktailglas mit Zuckerrand seihen.

# TOM COLLINS

6 cl London Dry Gin
1 TL feinster Zucker
1½ cl Zitronensaft
Sodawasser

Gin, Zucker und Saft in einem zu drei Vierteln mit zerstoßenem Eis gefüllten Longdrinkglas kurz verrühren und mit Sodawasser auffüllen.

# SEVEN AND SEVEN

4 cl Bourbon
(Seagram's 7)
13 cl 7 Up

In ein Longdrinkglas über Eiswürfel gießen, umrühren und servieren.

# „DAS ÜBLICHE, MAMI?"

# BRANDY ALEXANDER

3 cl Brandy
3 cl Crème de Cacao
3 cl süße Sahne

Zutaten mit Eis im Shaker kräftig schütteln und in ein eisgekühltes Cocktailglas abseihen.

# SLOE GIN FIZZ

3 cl Sloe Gin
2 ¼ cl Zitronensaft
3 cl Zuckersirup
Sodawasser

Gin, Saft und Sirup mit zerstoßenem Eis kräftig im Shaker schütteln, in ein eisgekühltes Glas füllen und mit Sodawasser auffüllen.

# MANHATTAN

6 cl Rhy Whisky
3 cl süßer Vermouth
2 Spritzer Angostura

Zutaten mit zerstoßenem Eis kräftig im Shaker schütteln, in ein eisgekühltes Cocktailglas abseihen und mit einer Cocktailkirsche garnieren.

# Das Junggesellenbuffet

Der moderne, weltgewandte Mann weiß, dass Kochen nicht nur etwas für Mädchen ist. Alles um ihn herum zeugt von erlesenem Geschmack: sein Cognac, seine LP-Sammlung, seine Einrichtung und, ja, auch seine Essgewohnheiten. Richtig auf den Putz zu hauen und einen wirklich internationalen Gaumenschmaus mit seinen Freunden zu teilen, zeigt Ihren guten Geschmack als Gastgeber und den der anderen, weil sie sich Sie als einen solchen ausgesucht haben.

## Deviled Ham Dip

Cremig und rosafarben mit einem teuflischen Biss Meerrettich. Eine wunderbare Bereicherung für jedes Büffet.

**1 Dose (180 g) Deviled Ham • 2 hart gekochte Eier, gehackt • 1 TL Meerrettich • 2 EL Dill Relish • 1 EL Milch**

Alle Zutaten im Mixer zu einer cremigen Masse vermischen. Wenn Sie künstlerisch ambitioniert sind, lassen Sie die Milch weg und formen Sie aus der Masse geometrische Muster oder eine lasziv daliegende Nackte. Mit einer Rohkostplatte anrichten.

## Rumaki

Ein klassisches Horsd'œuvre mit einem leicht exotischen Beigeschmack. Auch dies ein Highlight für die Party eines Mannes von Welt.

**500 g Hühnchenleber • Sojasauce • 1 kleine Dose Wasserkastanien, in Scheiben geschnitten • Portwein • Frühstücksspeck, in 1–2 Zentimeter breite Streifen geschnitten**

Die Leber waschen und in eine Glasschüssel legen. Mit etwas Sojasauce beträufeln und ziehen lassen. Die abgetropften Wasserkastanien 10–20 Minuten in Portwein einlegen. Je eine Leber und eine Kastanienscheibe mit einem Speckstreifen umwickeln und mit einem Zahnstocher zusammenhalten oder mehrere Leberpäckchen auf einen Metallspieß stecken. Die Rumaki grillen, bis der Speck knusprig braun ist. Zahnstocher dazu reichen.

# Schwedische Fleischbällchen

Ah, diese Schweden. Geradlinige Möbel, deprimierende Filme, schöne Frauen … und leckere Fleischbällchen.

**5 EL Butter oder Margarine • 3 EL fein gehackte Zwiebeln • ¾ Tasse Schmand • ¾ Tasse Semmelbrösel • 750 g Rinderhackfleisch • 250 g Schweinehackfleisch • 2 Eier, verquirlt • 2 EL Salz • ¼ TL Pfeffer • ¼ TL Pimentpulver • ½ TL Nelken, gemahlen**

Einen Esslöffel Butter in einer Bratpfanne erhitzen und die Zwiebeln goldgelb dünsten. In einer großen Schüssel Schmand, ¾ Tasse Wasser und Semmelbrösel verrühren. Zwiebeln, Hackfleisch, Ei, Salz, Pfeffer, Piment und Nelken zufügen und alles gründlich vermischen. Mit einem Teelöffel 75 Bällchen von ca. 2 cm Durchmesser aus der Masse formen. In der Pfanne zwei Esslöffel Butter erhitzen und Fleischbällchen portionsweise darin braten, bis sie von allen Seiten braun sind. Wenn nötig, mehr Butter in die Pfanne geben. Die fertigen Fleischbällchen beiseite stellen.

***Sauce***

**2 EL Mehl • ½ Tasse Schmand • 1 TL Salz • Pfeffer nach Geschmack**

**Zubereitung der Sauce:** Bratenfett bis auf zwei Esslöffel aus der Pfanne abgießen. Mehl in das Fett rieseln lassen und glatt rühren. Nach und nach den Schmand und 1 ½ Tassen Wasser einrühren und unter ständigem Rühren aufkochen. Salzen und pfeffern. Die Fleischbällchen in die Soße legen und auf niedriger Stufe erhitzen, bis sie durch und durch heiß sind. Mit Petersilie garnieren und als Häppchen mit Zahnstochern servieren.

# Plinsen à la 2nd Avenue

»Mögen Sie ukrainisches Essen?« Wenn Paul Kinsey diese Frage stellt, kann keine Frau ihm widerstehen.

***Käsefüllung***

**450 g Ricotta • 150 g Frischkäse • 2 EL Butter, Zimmertemperatur • ⅓ Tasse Zucker**

***Teig***

**2 Eier • ½ TL Salz • 1 Tasse Mehl • 1 Tasse Wasser**

**Zubereitung der Füllung:** Alle Zutaten zu einer glatten Masse verrühren und beiseitestellen.

**Zubereitung der Pfannkuchen:** Eier schlagen, dann Salz und Mehl zufügen und glatt rühren. Nach und nach das Wasser unter Rühren zugeben. Eine flache, gusseiserne Pfanne mit wenig Butter einfetten und erhitzen. Mit einer Schöpfkelle die richtige Menge Teig abmessen und in die Pfanne fließen lassen. Die Pfanne dabei so kippen, dass sich der Teig über den gesamten Boden verteilen kann. Wenn die Oberfläche trocken ist, Pfannkuchen auf einen Teller gleiten lassen (ohne die zweite Seite zu backen). Vorgang wiederholen, bis der Teig verbraucht ist.

**Die Plinsen falten:** Den Pfannkuchen mit der gebackenen Seite auf eine saubere Fläche legen. Zwei Esslöffel der Füllmasse in der Mitte aufhäufen und den Pfannkuchen so zu einem Rechteck falten, dass die Füllung vollständig umhüllt ist.

Wenn alle Plinsen gefaltet sind, die Bratpfanne wieder erhitzen und die Päckchen in etwas Butter portionsweise von beiden Seiten bräunen. Mit Sauerrahm, Apfelmus oder Erdbeermarmelade servieren.

# 'Ula 'ula polynesische Spareribs

Ein Hauch von Südsee weist Sie als gelehrten Menschen und Abenteurer aus. Thor Heyerdahl trifft Margaret Mead.

**1400 g Schälrippchen • 3 EL brauner Zucker • ¾ TL Salz • ½ Tasse Sojasauce • ½ Tasse Ketchup • 1 TL Ingwerpulver • etwas brauner Zucker und Salz (möglichst Rauchsalz) extra zum Einreiben**

Die Rippchen mit Salz und braunem Zucker einreiben und zwei Stunden ruhen lassen. Unterdessen die übrigen Zutaten zu einer Sauce verrühren. Die Rippchen damit einpinseln und eine weitere Stunde ziehen lassen. Herd auf 180°C vorheizen und die Rippchen etwa 45 Minuten darin backen, dabei gelegentlich mit der Sauce einpinseln. Mit der restlichen Sauce servieren oder zum Dippen mehr Sauce zubereiten.

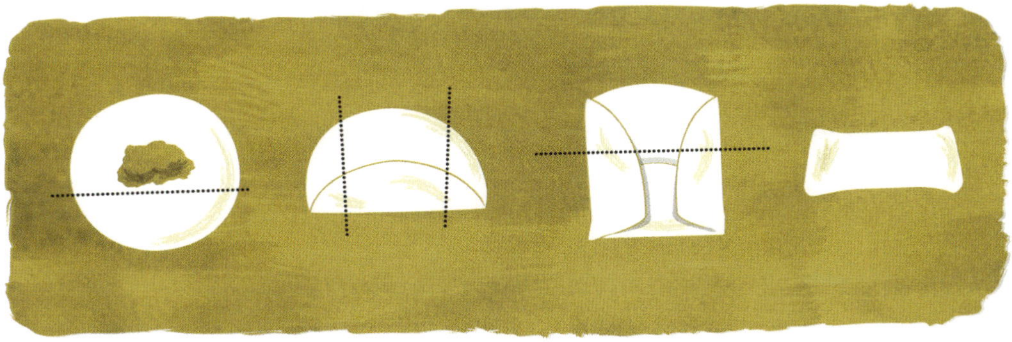

# Wahlparty im Büro

Die Kontrahenten sind Joe Seniors Goldjunge und der Mann, der Alger Hiss mit Mikrofilmen in einem ausgehöhlten Kürbis in den Knast brachte. New Frontier steht gegen die Checkers Speech. Ein Quäker (o Schreck!) tritt gegen einen Katholiken (o Schreck!!) an. Es ist die Präsidentschaftswahl des Jahres 1960, in der Amerika sich zwischen zwei jungen, politisch erfahrenen Navy-Helden zu entscheiden hat.

Wie könnte man sich die Zeit des Wartens auf die Ergebnisse – das sich dank der jüngsten Verstärkung des Wahlmännerkollegiums um Alaska und Hawaii bis ein Uhr nachts New Yorker Zeit hinziehen könnte – angenehmer vertreiben als mit Kollegen auf einer Büroparty? Zu diesem Anlass kann es kleine Snacks geben, aber das wichtigste Element dieser Party sind die Getränke. Sie haben Ihre Stimme schon abgegeben, Sie sind gespannt darauf, was kommt, und es ist Zeit, sich einen Rausch anzutrinken.

## SNACKS

### Wiener Würstchen mit Dippsauce

Wenn Sie zu betrunken sind, um zu merken, was Sie in den Mund stecken.

**1 Tasse Johannisbeergelee • 1 Tasse Senf • 2 Dosen (je 180 g) Wiener Würstchen**

Gelee und Senf auf niedriger Stufe in einem Topf erhitzen und zu einer glatten Paste verrühren. Ob Sie die Würstchen warm oder kalt essen, bleibt Ihnen überlassen, aber die Dippsauce muss auf jeden Fall heiß serviert werden.

### Avocado-Dipp

Nicht zu verwechseln mit Guacamole! Dieser Dipp ist patriotisch und durch und durch US-amerikanisch, und er wird zu Kartoffelchips, Karotten und Stangensellerie gereicht.

**1 reife Avocado • 3 EL Mayonnaise • 1 EL Zitronensaft • ½ TL Salz • ½ TL Pfeffer**

Alle Zutaten im Mixer zu einer glatten Paste vermischen. Verkneifen Sie sich Ihren Wunsch, dem Ganzen mehr Würze zu geben.

## GETRÄNKE

Ob Ihr Kandidat gewinnt oder verliert, Sie werden jedenfalls etwas Starkes brauchen, um die Nacht durchzustehen. Wenn Alaska und Hawaii ihre Ergebnisse verkünden, erbrechen Sie bereits Rotes, Weißes und Blaues. Da Sie hinterher nicht putzen müssen, bringen Sie doch einen Mixer mit zur Büroparty. Diese Drinks aus dem Mixer sind perfekt für den 8. November 1960.

### El Presidente

**2 Schluck Rum • 1 Schluck trockenen Vermouth • 1 TL Grenadine • 1 Tasse zerstoßenes Eis**

Alle Zutaten im Mixer vermischen, in Martini- oder Daiquiri-Gläser gießen und mit einer Kirsche oder mit Orangenschale garnieren.

### Dick der Trickreiche **(alias Orange Velvet)**

**½ Tasse kalifornischer weißer Portwein • ½ Tasse kalifornischer Orangensaft • 1 TL Zitronensaft • 1 ½ Tassen zerstoßenes Eis**

Alle Zutaten im Mixer vermischen, in ein hohes Glas füllen und dem Mann aus Orange County und seinem Hund Checkers damit zuprosten.

### Roses Jack **(alias Jack Rose)**

**3 cl Limettensaft • 2 Schluck Apfelschnaps aus New England • 2 TL Grenadine • 1 Eiweiß • ½ Tasse zerstoßenes Eis**

Alle Zutaten im Mixer vermischen, in ein Glas gießen und trinken. Wenn Sie einen toten Wähler in Chicago oder einen frei erfundenen in Texas kennen, dürfen Sie noch einen kippen.

***Für die abstinenten Drittparteiler***

### Der Orval Faubus **(alias Strawberry Soda)**

**⅓ Tasse tiefgefrorene Erdbeeren • 1 Kugel Vanille- oder Erdbeereis • 3 EL Milch • Sprudelwasser**

Erdbeeren, Eis und Milch 20 Sekunden im Mixer pürieren. In ein Glas gießen, 5 Zentimeter hoch mit Sprudelwasser auffüllen. Stellen Sie sich mit diesem Drink allein in eine Ecke und murmeln Sie etwas von Little Rock und Aufhebung der Rassentrennung vor sich hin. (Anmerkung der Autorin: Tun Sie das bitte nicht wirklich.)

***Und zum Schluss …***

### Die Entscheidung ist gefallen **(alias Between the Sheets)**

**1 Schluck Gin • 1 Schluck Cognac • 1 Schluck Cointreau • 1 Schluck Zitronensaft • 1 Tasse zerstoßenes Eis**

Alle Zutaten 5 Sekunden im Mixer mischen und in irgendeinen Behälter gießen, der um 2 Uhr morgens noch sauber ist. Und versuchen Sie, nichts davon auf die Couch Ihres Chefs zu verschütten.

# Familien Picknick

Natürlich tut es auch Brot mit Erdnussbutter und Marmelade. Aber warum machen Sie Ihr Picknick nicht zu einem unvergesslichen Erlebnis, und zwar nicht nur für die Eichhörnchen, die Ihren liegen gelassenen Müll fressen?

Diese drei Sandwichcremes können im Mixer zubereitet werden und schmecken gut mit Brunnenkresse, Gurkenscheiben und einer Extraportion Mayo. Benutzen Sie Kastenweißbrot mit abgeschnittener Rinde, wenn Sie kein Spielverderber sein wollen.

## Baked-Beans-Creme

**1 Tasse Baked Beans aus der Dose**
**1 Dillgurke, gehackt**
**2 EL Mayonnaise**

Alle Zutaten im Mixer pürieren. Ergibt etwa eine Tasse.

## Deviled Ham und Käsecreme mit Sherry

Den Sherry können Sie auch weglassen, aber warum sollten Sie?

**250 g Frischkäse**
**1 Dose (120 g) Deviled Ham**
**1 Scheibe weiße Zwiebel**
**2 EL Sweet Relish**
**¼ Tasse Sherry**
**1 TL Worcestershiresauce**
**¼ TL Senfpulver**
**¼ TL Knoblauchpulver**
**¼ TL Salz**

Alle Zutaten im Mixer pürieren. Ergibt etwa 1 ½ Tassen.

## Walnuss-Paprika-Käse-Creme

**1 grüne Paprikaschote, gewürfelt**
**½ Tasse Walnüsse**
**250 g Frischkäse**
**¼ Tasse Schmand**
**je 1 Prise Salz und Pfeffer**
**1 Schuss Worcestershiresauce**

Alle Zutaten im Mixer nur so lange pürieren, dass Paprika und Walnüsse noch stückig sind. Ergibt etwa 1 ¼ Tassen.

# ZIMMERAUSSTATTUNG FÜR DIE VERHASSTEN SCHWIEGERELTERN

In einer vollkommenen Welt würde die Familie, die wir dazugewinnen, wenn wir feierlich das Eheversprechen ablegen, aus den gleichen himmlischen Gefilden entstammen wie unsere treu sorgende Ehefrau.
Aber so ist es natürlich in Wirklichkeit nie. Wenn ein Mann seine Gattin liebt, ist sie für ihn oft wie Persephone und seine neuen Schwiegereltern wie ihre Gefolgschaft aus dem Hades, die sich verzweifelt an sie klammert.
Zeigen Sie Ihren Schwiegereltern dezent Ihre wahren Gefühle, indem Sie das leer stehende Zimmer in Ihrem ansonsten paradiesischen Heim in einen kleinen Winkel der Unterwelt verwandeln:

- Ein Ölgemälde mit Enten, die über einen Teich fliegen und geradezu darum bitten, dass man mit einer nicht vorhandenen Flinte auf sie schießt. Eine passende Erinnerung an die Impotenz, die sich mit dem Alter einstellt.

- Ein altes Feldbett zur Erinnerung daran, dass ihnen immerhin eine Fähigkeit vom Militärdienst geblieben ist, nämlich die, auch unter ernüchternd unbequemen Umständen zu schlafen.

- Briefpapier ohne Stift, weil manche Ideen am besten in der Theorie funktionieren.

- Wandverkleidung aus Kiefernholz vermitteln dieses authentische Gefühl eines begehbaren Wäscheschrankes. (Außerdem verhindert sie, dass Motten ihre pergamentartig gealterte Haut fressen.)

- Bernsteinfarbene Trinkgläser, die ihnen ständig das Gefühl geben, jemand habe ihnen einen Drink eingeschenkt, obwohl das überhaupt nicht stimmt und auch in näherer Zukunft nicht beabsichtigt ist.

- Ein Exemplar von *Aufstieg und Fall des Römischen Reiches,* weil Krieger es verdienen, sich an die Zeit zu erinnern, als sie noch fruchtbar waren. Und was sie hat verdorren lassen.

# DER PERFEKTE OLD-FASHIONED

Irgendwann um 1800 wurde im Pendennis-Club in Louisville, Kenntucky, der Old-Fashioned geboren. Manche sagen sogar, er sei das erste Getränk, das den Namen »Cocktail« trug. Wahr oder nicht, jedenfalls verkörpert er alles, was ein Cocktail sein sollte – die perfekte Mischung aus Alkohol, Süßem, Bitterem, Saurem und Wasser.

1 Stück Würfelzucker
2 Spritzer Angostura
2 Orangenscheiben
1 Cocktailkirsche
Rye Whisky*
Eis

Den Zuckerwürfel in einen Tumbler legen und mit Angostura tränken. Eine Orangenscheibe zufügen und mit dem Stößel zerdrücken.

Einen niedrigen Tumbler – sinnigerweise als Old-Fashioned-Glas bezeichnet – mit Eis füllen und Whisky bis gut einen Zentimeter unterhalb des Randes eingießen.

Mit der Kirsche und der zweiten Orangenscheibe garnieren.

*Anmerkung: Dieser Drink wird oft mit stillem Wasser oder mit Sprudelwasser aufgefüllt, aber klassische Bartender halten davon überhaupt nichts.*

* Mr. Draper trinkt Rye Whisky, aber für den Old-Fashioned kann man jede beliebige Whiskysorte verwenden. In manchen Gegenden des Mittleren Westens nimmt man auch gerne Brandy dafür.

## Ein Wort zum Eis

Verwenden Sie klares, sauberes Eis aus gefiltertem Wasser, das frei ist von den unerfreulichen Zwiebel- und Fischgerüchen eines vollgestopften Tiefkühlfachs.

## Stößel

Wenn die Zutaten eines Cocktails im Glas zerdrückt und miteinander vermischt werden müssen, kann man dazu entweder den Rücken eines Barlöffels verwenden oder man nimmt den Stößel dazu, ein spezielles Barwerkzeug, das aussieht wie ein Mörser in Form eines schlanken Bowlingkegels.

# HEILMITTEL GEGEN KATER

Eine lange Nacht der harten emotionalen Wahrheiten und der harten Spirituosen hinterlässt Spuren in einem hübschen Gesicht. Die folgenden einfachen Muntermacher bringen Sie wieder auf Trab und zurück zu Ihren häuslichen Pflichten.

## Fizzy Bull

**1 Dose Kraftbrühe, kalt**
**½ Tasse Sprudelwasser**
**1 Spritzer Zitronensaft**

Alles verrühren und auf Eis servieren.

## Eye-Opener

**3 Tassen Tomaten- oder Gemüsesaft (z. B. V8)**
**1–2 Spritzer Worcestershiresauce**
**1–2 Spritzer scharfe Chilisauce**
**1 kleine Knoblauchzehe**

Alle Zutaten im Mixer pürieren und auf Eis servieren.

## Satan's Daiquiri

**3 Tassen Gemüsesaft (z. B. V8)**
**1 Kugel Limettensorbet**
**4 TL Zitronensaft**
**1 Prise Zimtpulver**

Alle Zutaten im Mixer pürieren. Trinken. Und dann schwören Sie, dass Sie nie wieder einen Tropfen Alkohol anrühren werden.

## Prairie Oyster **(traditionelle Rezeptur)**

Ein Klassiker. Jeder Hotel-Barkeeper kennt das Rezept.

**1 rohes Ei**
**1–2 Spritzer Worcestershiresauce**
**1–2 Spritzer scharfe Chilisauce**

Ei in ein Schnapsglas aufschlagen. Die Saucen zufügen. Ex und hopp!

## The Ritz Cure

**½ Glas Milch**
**1 Flasche Cola**

Milch in ein Glas gießen. Cola schütteln und in die Milch kippen. Trinken.

# SCHEIDUNG AUF AMERIKANISCH

Was tun Sie, wenn Sie sich scheiden lassen möchten, Ihr Partner oder Ihre Partnerin aber nicht?

Wenn Sie es sich leisten können, sechs Wochen lang alles stehen und liegen zu lassen und anderswo Domizil zu nehmen, ziehen Sie eine »Blitzscheidung« in Reno durch. Galt es schon in den Tagen von Mary Pickford und Cornelius Vanderbilt jr. als schick bei den Reichen und Schönen, zur »Kur« oder zur »Reno-vierung« in die größte Kleinstadt der Welt zu fahren, sind Scheidungen heute die Haupteinnahmequelle der Stadt. Ein sechswöchiger Aufenthalt auf einer »Scheidungsranch«, der traditionelle Wurf der Eheringe von der »Seufzerbrücke« in den Truckee, und schon ist der/die fröhliche Geschiedene wieder zu haben.

Was ist, wenn beide die Scheidung wollen, aber es gibt kein nachweisliches Fehlverhalten?

Sie ziehen eine Show ab.

In New York gilt Ehebruch als der einzige anerkannte Scheidungsgrund, und dieser Ehebruch muss als Beweis durch eine dritte Partei bezeugt werden. Versuchen Sie es mit einem Team aus Privatdetektiv und Nutte. Sie liefern das Mädchen, nehmen alles mit versteckter Kamera auf und übergeben Ihrem Anwalt die Beweise in einem ordentlichen, braunen Umschlag … gegen eine Gebühr, versteht sich.

# GOUVERNEUR ROCKY

## Nelson Aldrich Rockefeller (1908–1979)

Spross einer prominenten Industriellenfamilie, Mitglied der politischen Szene in Washington und New York, Förderer der Künste, Bauträger des Rockefeller Plaza und anderer berühmter Bauwerke, Philanthrop, Gouverneur des Staates New York – um 1960 war Nelson »Rocky« Rockefeller *der* Lebemann weit und breit. Er und seine Frau, Mary Todhunter »Tod« Clark Rockefeller, standen ganz oben auf der Gästeliste aller Promi-Partys in Gotham City.

Rocky schien im Laufe seines glanzvollen privaten und beruflichen Lebens nie innezuhalten: Vom Kaninchenzüchten als Kind über die Mitarbeit in der Forschungsabteilung der Firma seines Vaters bis hin zur Gestaltung der US-amerikanischen Handels- und Sicherheitspolitik in Lateinamerika unter Roosevelt und dem Engagement für das Museum of Modern Art war er der Inbegriff von Fleiß und Geschäftstüchtigkeit. Wenige Jahre nachdem er aus der Eisenhower-Regierung ausgeschieden war, wurde er zum Gouverneur von New York gewählt. 1960 trat er als Konkurrent um die Präsidentschaftskandidatur der Republikaner gegen den Vizepräsidenten Richard Nixon an. Seine Partei gab jedoch Nixon den Vorzug, und Rocky konzentrierte sich wieder darauf, die Geschicke im königlichen Staate New York über vier Amtszeiten hinweg zu gestalten, obwohl er noch zweimal erfolglos zur Präsidentschaftswahl antrat – 1964 gegen Barry Goldwater und 1968 erneut gegen Nixon – und beide Male den Kürzeren zog.

1961/62 geriet Rocky, der sein Leben lang die Schlagzeilen seriöser Zeitungen bestimmt hatte, ins Visier der Boulevardblätter; seine Ehe war zerbrochen, sein jüngster Sohn Michael, ein Anthropologe, verschwand spurlos während einer Kunstsammler-Expedition in Neuguinea und wurde für tot erklärt, und es wurden Affären mit anderen Frauen bekannt, darunter auch sein Verhältnis mit Margaretta Fitler* »Happy« Murphy, einer geschiedenen Frau, die er 1963 heiratete.

Nelson machte als Gouverneur 1971 während der Gefängnisrevolte in Attica noch einmal landesweit von sich reden, als er die von den Häftlingen geforderten Verhandlungen ablehnte und stattdessen Soldaten schickte, die den Aufstand blutig niederschlugen und dabei 39 Menschen töteten. 1974 kam Rockefeller dem Präsidentschaftsamt so nah wie noch nie, als sein alter Rivale Nixon zurücktrat und Gerald Ford ihn selbst zu seinem neuen Vizepräsidenten ernannte. 1977 zog sich Rocky ganz aus dem politischen Leben zurück und widmete seinen Lebensabend der modernen Kunst, seiner großen Leidenschaft. Es heißt, dass ihn der Tod am Schreibtisch ereilte, während er an einem Buch über seine eigene Kunstsammlung schrieb.

*Ja, Sie haben richtig gelesen: Fitler.

# MOBILIAR RUND UM EINE VIKTORIANISCHE OHNMACHTSCOUCH

TRADITIONELL

MODERN

# BRYAN BATT und sein legendäres Sofa

Als ich mit meinem Partner Tom vorübergehend in meine Heimatstadt New Orleans zurückkehrte, um zusammen mit ihm unseren Laden für Geschenkartikel und Wohnaccessoires, Hazelnut, zu eröffnen, kamen wir für kurze Zeit bei meiner Mutter unter. Obwohl wir sie beide heiß und innig lieben, kann ein erwachsener Mann unmöglich länger als maximal zwei Wochen bei seiner Mutter wohnen, und das gilt noch viel mehr für seinen Partner. Es gab keinen Zank und Streit, lediglich das beängstigende Gefühl, emotional zu dem Teenager zu regredieren, der ich gewesen war, als ich zuletzt unter diesem Dach gelebt hatte. Zum Glück konnten wir ein märchenhaftes Kutscherhaus seitlich der St. Charles Avenue mieten, wo das Rattern der Straßenbahnen nie nachlässt und einmal im Jahr die Mardi-Gras-Parade ihren fröhlich-bunten Umzug hält. Zwar behielten wir unsere Wohnung in Manhattan, aber der Laden erforderte unsere Anwesenheit im Süden, sofern ich nicht gerade in einer Broadway-Show oder besser noch in einer TV-Erfolgsserie beschäftigt war. So wurde die Idee geboren, dieses eher rustikale Haus mit seinen Backsteinböden zu nehmen und ihm einen moderneren Anstrich zu geben. Da die Wohngegend teuer und unser Budget ziemlich beschränkt war, unternahm ich meine üblichen Streifzüge durch Ramsch- und Trödelläden. Als Schauspieler in New York war ich es gewohnt, auf großem Fuß zu leben, solange ich am Broadway arbeitete, und erfinderisch zu sein, wenn nicht.

Bei einem Besuch im Trödelladen der Heilsarmee am Jefferson Highway in einem benachbarten Vorort stieß ich auf das perfekte moderne Sofa der Jahrhundertmitte. Es hatte einen abgewetzten Brokatbezug mit einem abscheulichen blaugrünen Blumenmuster, aber ich konnte mir vorstellen, wie fantastisch es aussehen würde, wenn man es mit einem wirklich tollen Stoff neu bezog. Also berappte ich die 200 Dollar, machte einen Discounter für Designerstoffe ausfindig, erstand 18 Meter schokoladenbraunes Alcantara, brachte den Stoff zur Möbelpolsterei Aguilar, und schon war mein 60er-Jahre-Sofa à la Dick-van-Dyke-Show geboren – und ich liebe es! Ein Charakteristikum des modernen Möbeldesigns der 1960er ist die Form, und dieses Sofa ist ein Paradebeispiel dafür. Die Polsterung, wie man sie an Sofas dieser Epoche sieht, unterscheidet sich grundlegend von den wulstigen, baseballhandschuhartigen Ledercouchs und den wuchtigen, kastenförmigen Sitzmöbeln der letzten Jahrzehnte. Die Sofas der 50er, und 60er-Jahre waren stromlinienförmig und um einiges niedriger, was vielleicht daran lag, dass die meisten in dieser Zeit gebauten Wohnhäuser niedrigere Zimmerdecken hatten, aber das ist eine bloße Vermutung. Die Form dieses Sofas ist wunderbar leicht geschwungen und schafft aus sich heraus Bewegung im Raum, anstatt einfach nur Platz einzunehmen und statisch an der Wand zu stehen. Das hat überdies den Vorteil, dass das Sofa frei in der Mitte eines großen Raums stehen kann, ohne diesen optisch zu teilen. Als ich kürzlich in ein Haus mit sehr hohen Räumen umgezogen bin, habe ich zuerst erwogen, ein neues Sofa zu kaufen, aber tatsächlich macht sich mein Prachtstück auch perfekt in der neuen Umgebung, was wieder einmal beweist, dass gutes Design zeitlos ist.

Bryan Batt

# MODE & SCHÖNHEIT

# WAS DIE FRISUR IHRER SEKRETÄRIN ÜBER DIE FRAU SAGT

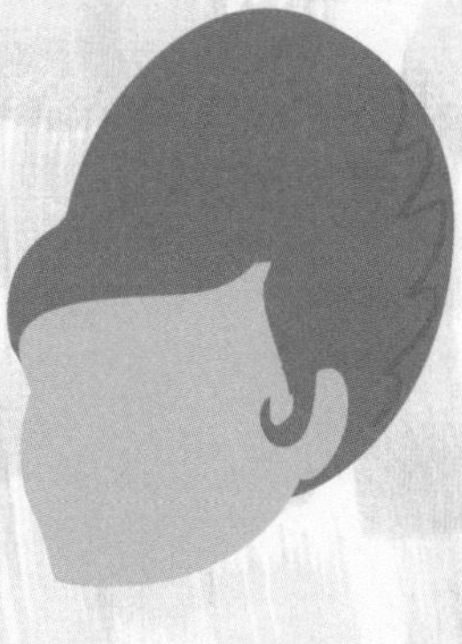

»Die mutierten Spinnen in meinem Haar haben mein Gehirn ausgesaugt.«

»Ich verkörpere die Melodramatik der Callas in einer Pat-Nixon-Verpackung.«

»In meinen sexuellen Fantasien kommen nur mein Mann und mein Pfarrer vor.«

»Meine Frisur ist so einseitig wie meine Einstellung zu den Bürgerrechten.«

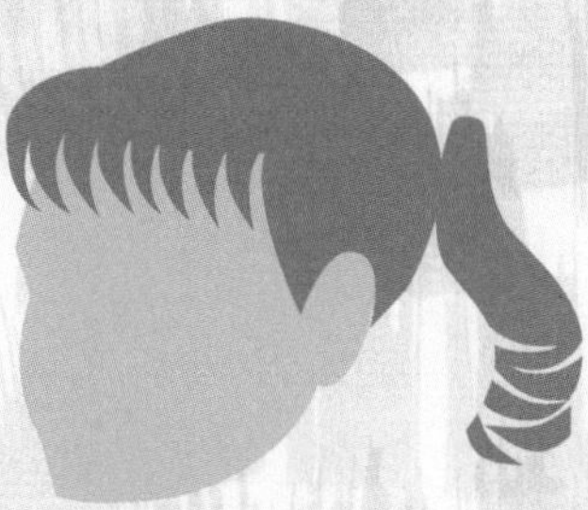

»Ich bin ein Kind, bitte behandelt mich auch so.«

»Mannomann, ist Mary Martin nicht einfach die Größte?«

»Jemand hat meinen Stiftebecher einen Zentimeter nach links verrückt, und ich gehe gleich in die Luft.«

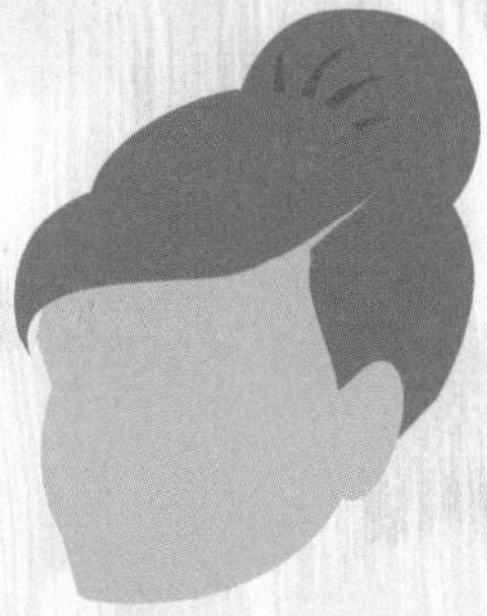

»Ich ziehe, ehrlich gesagt, den Begriff ›alte Jungfer‹ vor.«

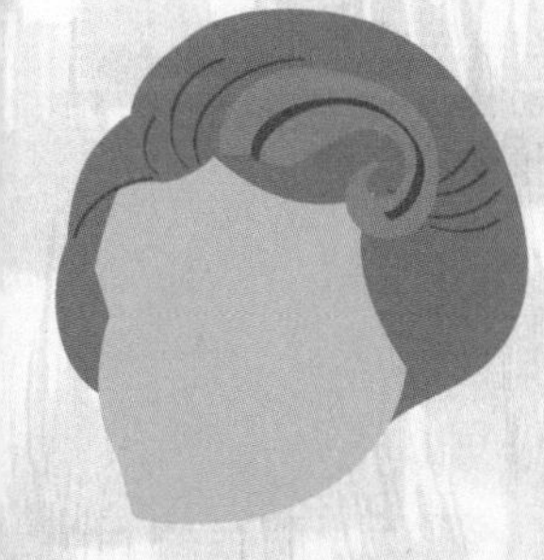

»Ich zahle nie den vollen Preis, nicht einmal beim Zahnarzt.«

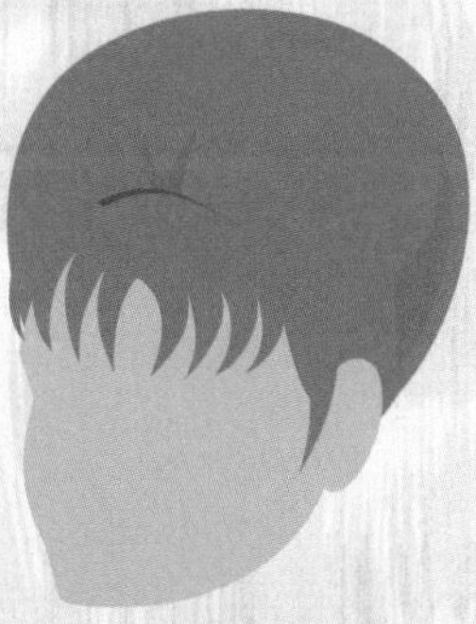

»Je höher die Frisur, umso näher bei Gott.«

»Herrje, ich wäre gern in einer alkoholvernebelten Kaschemme.«

»Ich bin eine alkoholvernebelte Kaschemme.«

»Ich habe Ihre gesamte Post an das HUAC weitergeleitet.«

»*New York Herald Tribune.*«

»Holen Sie mir eine Pall Mall, Mister, denn ich werde demnächst Ihren Job übernehmen.«

»Was ist das Geheimnis der alten Uhr?«

# Hoch lebe die Toupierfrisur!

Geboren als Stolz der High Society und als optischer Kontrapunkt zum Sackkleid auf den Laufstegen der Pariser Edelcouturiers, eroberte die Toupierfrisur auf dem Haupt der First Lady die Hallen der Macht und machte sich mit Holly Golightly auf den Weg nach Hollywood. Dann entwickelte sie sich zum beliebten Kopfputz für Sekretärinnen und Trophäenfrauen … und bauschte sich zu neuen Höhen auf, als sie zum Beehive mutierte, bevor sie sich auf den Köpfen von Schulabbrecherinnen mit weiß geschminkten Lippen und Kellnerinnen in Baltimore niederließ. Um eine Toupierfrisur selbst zu machen, gehe man wie folgt vor:

**1.** Das Haar muss »belebt«, ungewaschen oder leicht »vergammelt« sein. Wenn Sie ein reinliches Mädchen sind, nehmen Sie Haarfestiger oder -spray, um der Frisur Halt zu geben.

**2.** Lockenwickler vom Umfang einer Coladose oder dicker sind ein Muss. Tragen Sie sie über Nacht oder setzen Sie sich unter die Trockenhaube, wenn Sie in einem Friseursalon wohnen.

**3.** Die vordere Haarpartie von Ohr zu Ohr abteilen und in der Mitte scheiteln. Das Haar am Hinterkopf zu einem hohen Pferdeschwanz binden.

**4.** Den Pferdeschwanz gegen die Wuchsrichtung bürsten oder kämmen. Die hohe Kunst des Toupierens erzeugt ein Rattennest verfilzter Haare, die eher nass gewordener Zuckerwatte als menschlichem Haupthaar ähneln. Das gibt der Toupierfrisur Volumen.

**5.** Mit einer harten Bürste die Oberfläche über dem entstandenen Haarbausch glätten und die Enden mit einer Haarnadel feststecken.

**6.** Wenn Ihnen nun büschelweise verfilzte Haare ausgehen, merken Sie, dass Sie nicht wissen, was Sie tun. Gehen Sie zu einem professionellen Friseur und lassen Sie Ihre Fehler ausbügeln.

**7.** Die gelernte Schönheitskünstlerin rundet die Form und steckt das Haar an den Seiten mit Nadeln fest. Fixieren Sie ihr Werk nach Belieben mit Haarspray.

**8.** Eine der beiden vorderen Strähnen nehmen, reichlich Haarspray daraufsprühen, seitlich hochziehen und um das Haarnest wickeln.

**9.** Den Vorgang mit der zweiten Vordersträhne wiederholen und alles mit Haarnadeln feststecken.

**10.** Den ganzen Kopf mit dem restlichen Inhalt der Spraydose einnebeln. Stecken Sie Glitzerschmuck ins Haar, wenn Sie eine Dame der feinen Gesellschaft sind. Stecken Sie eine selbst gebastelte Knarre oder Spinneneier ins Haar, wenn Sie zur Fraktion der bösen Mädchen gehören.

*Nicht vergessen: Wickeln Sie sich Küchenpapier um den Kopf und schlafen Sie im Sitzen, damit Ihre Frisur nicht kaputtgeht. Für eine wahrhaft imposante Toupierfrisur lohnt sich das bisschen Schlafentzug!*

# MODERNE

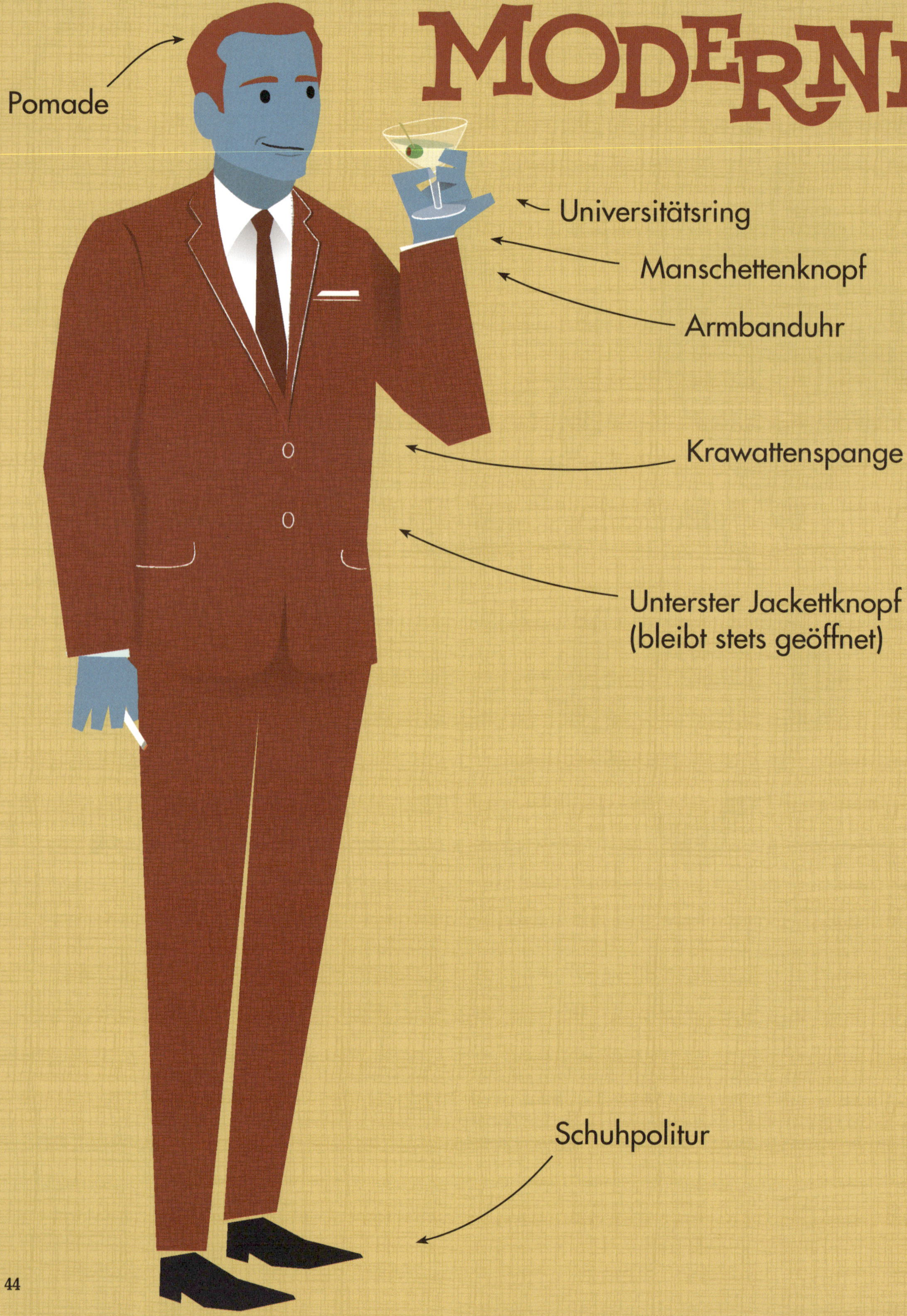
Pomade
Universitätsring
Manschettenknopf
Armbanduhr
Krawattenspange
Unterster Jackettknopf
(bleibt stets geöffnet)
Schuhpolitur

# ANATOMIE

Verstärkte, rutschsichere, gummierte Aluminium-Haarnadeln von Glamorous Lady™: Perfekt zur Verwendung mit Shampoo, Conditioner, Haarspray, Kammset, Bürste, Lockenstab, Glätteisen, Lockenwicklern, Haarnetz, Tönung, Glättungscreme, Haarspangen, Haarreifen, Haarteilen und Föhn von Glamorous-Lady™

Verlängernde und verdichtende falsche Wimpern in Orientschwarz für den Abend und die Party von LuxoReal™. *Weil Sie mit einem Augenaufschlag alles erreichen, was Sie wollen.*

Figurstraffender AeroStreamline™-BH mit patentiertem elastischem Formbund: *Dieser Übermensch von einem Büstenhalter lässt Ihren Busen hoch, höher, am höchsten leben.*

Stützendes, figurbetontes Nylon- und Latex-Komfortmieder aus französischer Fabrikation: *Betonen Sie Ihre Rundungen, nur nicht die Rundungen an Bauch, Hüften und Oberschenkeln.*

Durchsichtiger Midnight Secretary™-Figurslip aus Polyestersatin: *Es sind die inneren Blütenblätter der Blume, die am sorgfältigsten gehütet werden müssen.* (ohne Abbildung)

Verführerisches Strumpfband mit bewährter Ultra-Halt-Elastik und orientalischer Spitze von Young Miss Modern™: *Nicht nur der Schenkelschweiß sollte verhindern, dass Ihre Strümpfe herunterrutschen.*

Nahtlose, seidenglänzende Haute-Couture-Luxusnylons mit perfektem Sitz für alle Beinformen und -konturen von Short 'n' Shapely™: *Der Weihnachtsmann kann es kaum erwarten, diese Strümpfe zu füllen.*

Exotische italienische ultrahohe Stiletto-High-Heels aus 100 % Leder mit Komfortspann und schmaler Spitze: *Lassen Sie den Gang zu seinem Büro zu einem Gang wie auf Wolken werden.*

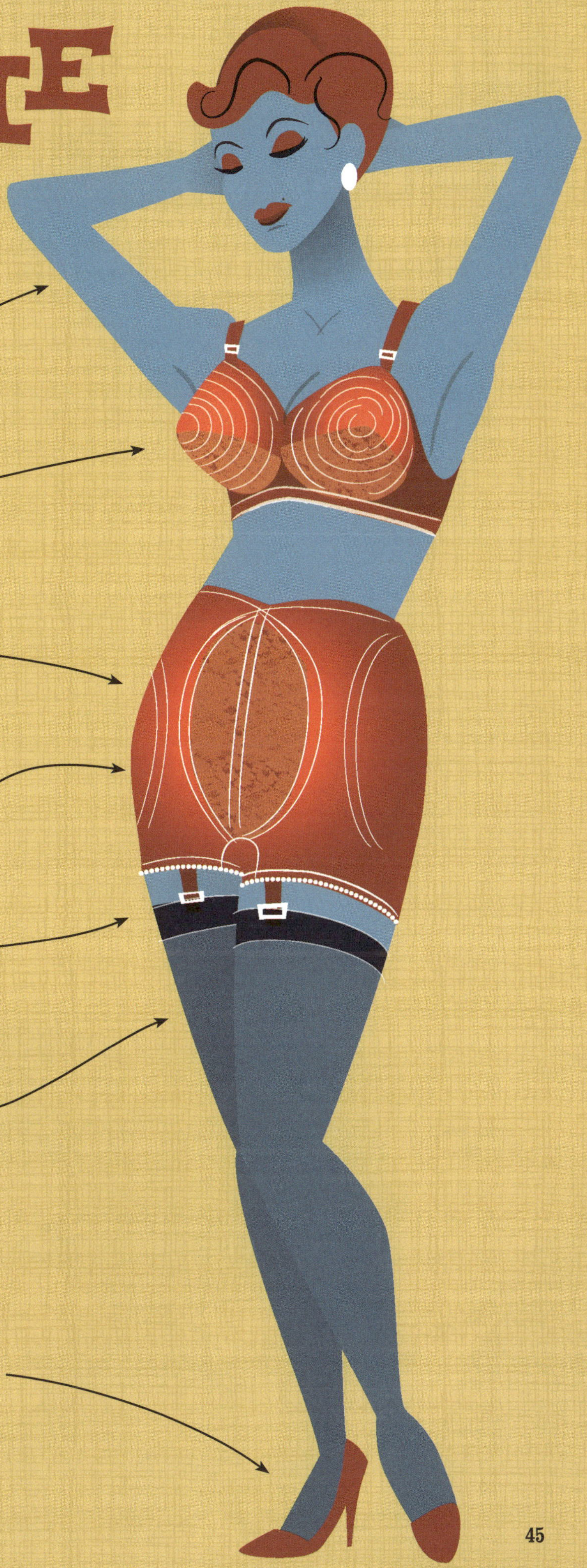

# RICH SOMMER über das Fliegenbinden

Das erste Mal, dass ich mich erinnern kann, freiwillig eine Fliege getragen zu haben, war zu meiner Schulabschlussfeier. Sie war, passend zu meinem tollen Kummerbund, in einem Bugs-Bunny-Motiv gemustert. Es war die übliche Fliege vom Kostümverleih, die Art, die im Nacken mit einem Patentverschluss befestigt wird. Die fertig gebundene Art. Die Art, die voraussetzt, dass man ein Volltrottel ist und nicht einmal eine einfache Fliege binden kann. Also wirklich, ich bitte Sie! Welcher Idiot weiß nicht, wie man eine FLIEGE bindet?

Das war ein Scherz. Niemand weiß heutzutage, wie man eine Fliege bindet. Kein Mensch außer ein paar altmodischen Käuzen und, zum Glück für mich, den Kostümbildnern beim Fernsehen.

Mann, ich habe ganz schön dick aufgetragen beim Dreh der Pilotfolge für *Mad Men*. Ich habe meine Krawatte mit links gebunden. Ich hatte ein paar Jahre zuvor im *People* einen Artikel über den Shelby-Knoten gelesen und mir gemerkt, wie er geht. Er war zwar nicht absolut perfekt – wenn Sie sich die Serie ansehen und nicht die Bohne auf meine Krawatte achten, überlegen Sie bitte noch einmal, worauf Sie Ihre Energie verwenden –, aber er war gut.

Aaron Staton konnte nicht einmal seine Krawatte binden. Er wusste nicht, wie. Mann, habe ich ihn aufgezogen. Ich habe ein paar tolle Fotos davon, wie Vincent Kartheiser sie für ihn bindet. Wir haben ihn wirklich fertiggemacht. Haha.

Dann wurden die weiteren Folgen gedreht, und ich erfuhr bei der Kostümanprobe, dass ich eine Fliege tragen sollte. Uh-oh.

Ehrlich gesagt ist das Krawattebinden ein relativ leicht erfassbarer Bestandteil der männlichen DNS. Die Fliegenbindetechnik dagegen trieb uns die Evolution um 1960 endgültig aus. Wie dem auch sei, Aaron begriff im Nu, wie man eine Krawatte bindet, während ich mir stundenlang YouTube-Videos ansah und mir beim Versuch, daraus zu lernen, die Finger verrenkte.

Blödsinn Nr. 1: Eine Fliege zu binden, ist das Gleiche, wie einen Schnürsenkel zu binden.

Blödsinn Nr. 2: Es sei denn, Sie stehen auf dem Kopf und binden besagten Schnürsenkel aus dem Innern des Schuhs heraus. Und der Schnürsenkel ist unheimlich dick und muss gut aussehen.

Wenn Ihnen jemand weismachen will, dass es so ist, als würden Sie Ihre Schuhe zubinden, irrt er sich entweder, oder er verfügt über unglaubliche räumliche Fertigkeiten, oder er lügt und kann es kaum erwarten, Sie kämpfen und schwitzen zu sehen. Ich neige zu letzterer Erklärung.

Also ließ ich mir in den ersten beiden Staffeln die Fliege von jemand anderem binden. Was manchmal bedeutete, dass die Einstellung stimmte, das Licht gesetzt war, die Kamera lief, und dann musste doch gewartet werden, weil Mr. Loser sich noch die Fliege binden lassen musste. Sagen wir mal, ich habe keine Pluspunkte gesammelt.

Nach zwei Staffeln hatte ich die Nase voll davon, beispielsweise vor jedem roten Teppich anlässlich einer Preisverleihung eine Fliegenbindesitzung mit Janie Bryant zu haben. Ich hatte es satt, mich bloßzustellen. Ich musste endlich lernen, es selbst zu machen.

Also saß ich am Tag der Emmy-Verleihung morgens vor meinem Computer und sah mir in endlosen Videos Männer an, die ihre Fliege banden. Zwei Stunden habe ich da gesessen. Nach mehreren Fehlschlägen und einer Unmenge Fingerlockerungsübungen konnte ich es. Und als ich es konnte, KONNTE ich es. Plötzlich verstand ich das Prinzip. Ich band die Fliege auf und wieder zu. Und wiederholte das Ganze. Dann tat ich es ohne Spiegel. Tadellos.

Ich konnte meine eigene verdammte Fliege binden.

So erschien ich bei der Emmy-Verleihung – mit gebundener Fliege. Michael Gladis wollte sofort wissen, wer mir die Fliege gebunden hätte, weil er einer dieser altmodischen Käuze ist, die wissen, wie das geht.

»Ich selbst«, sagte ich.

»Blödsinn«, entgegnete er.

Und ich sagte: »Ich hasse dich« und ließ ihn einfach stehen, wie es jedes Mal endet, wenn wir uns unterhalten.

Auf der anschließenden Party zeigte ich ihm, dass ich meine Fliege ohne Spiegel binden kann. Er klopfte mir auf die Schulter und sagte herablassend: »Gut für dich«, und das ist auch so eine Art, wie viele unserer Unterhaltungen enden.

Worauf ich hinauswill: Ich habe zwischen der zweiten und der dritten Staffel gelernt, wie man eine Fliege bindet. Als ich zur dritten Staffel aufkreuzte, fiel mein Blick auf ein Bündel Fliegen mit Clipverschluss.

»Was zum Teufel ist das denn?«, fragte ich Janie.

»Deine Fliegen«, sagte sie.

»Warum sind sie mit Clipverschluss?«, fragte ich.

»Weil es 1963 ist«, sagte sie. »Die Mode hat sich geändert.«*

»Aber ich habe gelernt, wie man eine Fliege bindet«, sagte ich. Oder schrie ich. Ich weiß es nicht mehr.

»Das ist schön«, sagte sie.

Seufz.

Ich weiß also jetzt, wie man eine Fliege bindet. Eine Fertigkeit, die ganz brauchbar ist für noble Anlässe oder wenn man einem armen Teufel helfen kann, der nicht die erforderlichen Stunden vor einem Buch oder einem Computerbildschirm gesessen und sich die Finger verrenkt hat.

Und ich habe eine gute Nachricht für Sie: Ich bin bereit, mein Geheimnis zu teilen. Ich werde für Sie tun, was niemand für mich getan hat. Ich erkläre Ihnen Schritt für Schritt, wie Sie Ihre eigene Fliege binden.

1. Hängen Sie sich die Fliege so um den Hals, dass ein Ende länger ist als das andere.
2. Überkreuzen Sie die Enden und stecken Sie die eine Hälfte nach oben durch.
3. Lassen Sie die durchgesteckte Hälfte locker herunterhängen und falten Sie den anderen Teil zickzackförmig vor dem Hals.
4. Nun stopfen Sie den gefalteten irgendwie hinter den herunterhängenden Teil.
5. Das herunterhängende Ende müssen Sie jetzt durch das kleine Loch auf der Hinterseite des gefalteten Teils nach oben ziehen.
6. Jetzt an den Enden ziehen. Nicht an den gefalteten, sondern an den anderen.
7. Sie haben es geschafft!

Sehen Sie? Im Grunde ist es leichter, als Sie dachten, oder nicht? Meine Angaben sind nicht so einfach zu befolgen ohne Abbildungen, aber geben Sie nicht auf. Irgendwann werden Sie's kapieren. Und wenn alles nicht hilft, tun Sie so, als würden Sie Ihren Schuh zubinden. Das funktioniert immer.

Rich Sommer

**1.** Tragen Sie eine Grundierung auf, um Unreinheiten zu überdecken und einen gleichmäßigen Teint zu erhalten. Sie wollen, dass Ihr Gesicht wie ein idealisierter Mond ist – blass, kraterlos und bereit, dass ein Mann darauf landet. (Ein amerikanischer Mann, versteht sich, kein gottloser Kommunist.)

**2.** Beleben Sie Ihre Wangen mit einem Tupfer Rouge. Vorsicht, mehr als ein Tupfer kann leicht nuttig aussehen. Um eine natürliche Farbe zu erzielen, kneifen Sie sich so fest in die Wangen, dass ein paar Äderchen platzen. Je größer der Schmerz, desto schöner werden Sie im Spiegel sein (wenn Sie die Tränen weggewischt haben).

**3.** Bestäuben Sie die Augenlider leicht mit Gesichtspuder. Verteilen Sie einen neutralen Lidschatten von den Wimpern zu den Brauen hin. Tragen Sie unterhalb der Lidfalte Lidschatten in einem leuchtenderen Farbton auf – in Glitzerpoolchlorblau beispielsweise. Der ganze Aufwand bewirkt, dass Sie aussehen, als würden Sie überhaupt keinen Lidschatten tragen.

**4.** Fahren Sie mit dem Kajalstift in kurzen Strichen am Wimpernansatz entlang. Stellen Sie es sich so vor, als würden Sie ein Küken in schwarzen Puder tauchen und dann mit der Rückseite des Kükens über den Wimpernansatz streichen.

**5.** Tragen Sie mit einer Zickzackbewegung Wimperntusche vom Ansatz zu den Spitzen hin auf. Warten Sie mindestens zehn Sekunden, bevor Sie eine zweite Schicht auftragen.

**6.** Legen Sie gleichmäßig Lippenstift auf und geben Sie Ihrer Oberlippe dabei einen Schwung, der besagt: »Ich bin ein Geschenk, pack mich aus – ein Geschenk, das aus Stimmungsschwankungen, Bewertungen und einem benötigten Budget von mehreren Tausend Dollar im Monat besteht.« Merke: Je höher der Schwung, desto höher die Erfahrenheit und das Alter (und das benötigte Budget).

**7.** Nehmen Sie sich zu guter Letzt Ihre gerahmten Fotos von Jacqueline Kennedy und Mamie Eisenhower vor. Vergleichen Sie Ihr Gesicht mit den Gesichtern der beiden. Wenn es eher Letzterem ähnelt als Ersterem, fangen Sie von vorn an.

## SCHMINKTIPPS
*für die moderne junge Frau*

* Ich habe Aaron, Michael und Janie gefragt, ob sie damit einverstanden sind, wie sie in der Geschichte dargestellt werden. Aaron hat mich daran erinnert, dass er eine Krawatte binden kann, nur nicht den Knoten, den die Kostümbildner haben wollten. Von Michael soll ich Ihnen sagen, dass er genau der Depp ist, als den ich ihn zeige (ist er in der Tat). Und Janie hat gesagt, die Mode hätte sich überhaupt nicht geändert. Sie hat mir die fertig Gebundenen gegeben, weil sie keine Lust mehr hatte, mir ständig die Fliege zu binden.

KUNST &
FREIZEIT

# Broadway: 1960

Ungeachtet der Konkurrenz durch Film und Fernsehen herrschten am Broadway 1960 eigentlich immer noch goldene Zeiten: Rodgers und Hammerstein brachten ihr letztes Erfolgsmusical auf die Bühne, bis zur Premiere von Neil Simons erstem Broadway-Stück war es nur noch ein Jahr, und irgendwo in England steckte der zwölfjährige Andrew Lloyd Webber seine Schmusekatzen in hautenge Trikots. Hier lesen Sie, was Sie sich 1960 an jedem beliebigen Abend am Broadway hätten ansehen können.

**Bye Bye Birdie** — Das Musical, eine treffende, aber harmlos daherkommende Persiflage auf die Teenie-Idol-Hysterie, zeigte, dass der Broadway tatsächlich zur Abwechslung einmal den Finger am Puls der Jugendkultur hatte (irgendwie). Der Name des Titelhelden, Conrad Birdie, war eine Anspielung auf Conway Twitty, aber die Figur parodierte alle Teenie-Idole, einschließlich Elvis und Fabian. Dick van Dyke feierte seinen großen Durchbruch als Conrads Manager, und der *West Side Story*-Star Chita Rivera spielte seine Latina-Braut, die »spanische« Rose. Als das Musical drei Jahre später verfilmt wurde, übernahm van Dyke wiederum seine alte Rolle, während Rose von einer bekannten spanischen Schauspielerin gespielt wurde … Janet Leigh. Susan Watson, die am Broadway das Mädchen vom Lande spielte, machte anschließend eine beachtliche Karriere, verschwand aber dann weitgehend im Mülleimer der Geschichte – sie war eben nicht Ann-Margret.

**Fiorello!** — Der Pulitzer-Preis in der Kategorie Theater ging 1960 weder an den Kassenschlager *The Sound of Music* noch an Stephen Sondheims Klassiker *Gypsy*, sondern an ein Musical, in dem der Familienvater aus *Happy Days* den Typen spielte, der dem drittgrößten Flughafen von New York seinen Namen gegeben hatte. Tom Bosley wurde für seine Rolle des Bürgermeisters Fiorello LaGuardia in der Zeit der Weltwirtschaftskrise mit einem Tony Award ausgezeichnet. Doch trotz aller Lobeshymnen seitens der Kritik und trotz der revolutionären Verwendung des Ausrufezeichens im Titel (lange vor *Oh! Calcutta!* und *Mamma Mia!*) wurde das Musical *Fiorello!* nach seiner Absetzung 1961 nie wieder am Broadway aufgeführt.

**The Sound of Music** — Darin waren sich alle einig: Rodgers und Hammerstein schrieben tolle Lieder, Nazis waren böse und arische Baronessen sollten dem Glück von Nonnen und Marinekapitänen nicht im Weg stehen. Außerdem konnte, als das Publikum Mary Martin erst einmal als Maria gesehen hatte, in kollektives Vergessen geraten, dass sie sich gerade ein paar Jahre lang in *Peter Pan* als fliegender pubertierender Jüngling in Strumpfhosen präsentiert hatte.

**My Fair Lady** — Das Musical von Lerner und Loewe war 1960 unglaublich populär. Zu dieser Zeit lief es bereits vier Jahre und blieb noch weitere zwei auf dem Spielplan. Bis zur noch bevorstehenden Premiere des Films *Mary Poppins* 1964 lebten die Amerikaner nun in der Vorstellung, in England wimmele es von schornsteinfegenden Cockneys und rußverschmierten Blumenmädchen.

**Camelot** — Das nächste und letzte gemeinsame Werk von Lerner und Loewe hatte am 3. Dezember 1960 Premiere – gerade rechtzeitig, um zum Symbol für das Weiße Haus in der Kennedy-Ära zu werden. Richard Burton, Julie Andrews und Robert Goulet spielten die Hauptrollen in dem Musical, das für eine einfachere Zeit in der Geschichte Amerikas stand: vor dem Attentat auf JFK, vor der Eskalation des Vietnamkrieges und bevor sich Goulet einen Schnurrbart wachsen ließ.

# DER CHARLESTON

Der Charleston war ein bahnbrechender Gesellschaftstanz, der ein ganzes Jahrzehnt prägte. Er erlangte erstmals 1923 landesweite Popularität mit der Jazz-Melodie »The Charleston«, die der Komponist/Pianist James P. Johnson für das Broadway-Musical *Runnin' Wild* geschrieben hatte. Aber jedes Stück mit schnellem Beat und 4/4-Takt ist geeignet, Ihren Stegreifauftritt zu unterstreichen.

**1.** Mit dem rechten Fuß einen Schritt zurückgehen.

**2.** Den linken Fuß mit einer Kickbewegung nach hinten schwingen (Fußgelenk locker lassen).

**3.** Den linken Fuß wieder nach vorne bringen, aufsteppen und in die Ausgangsposition zurücksetzen.

**4.** Den rechten Fuß mit einer Kickbewegung nach vorne schwingen und locker lassen.

**5.** Schritte wiederholen.

Die Arme sind entscheidend … Es sind diese Flatterbewegungen, die den »Flappern« ihren Namen gegeben haben.

**1.** Das rechte Bein geht zurück, und gleichzeitig wird der linke Arm gehoben und umgekehrt. Die Arme müssen sich immer entgegengesetzt zu den Beinen bewegen.

**2.** Die Arme um 90 Grad abwinkeln.

**3.** Die Arme hochhalten und in Kreiselbewegungen nach rechts und links schwingen lassen. Der Schwung soll ausladend und übertrieben sein.

Wenn die Grundschritte bei Ihnen und Ihrem Partner sitzen, bauen Sie ein paar Effekte ein – Bewegungen wie Savoy Kicks und Freezes. Da Sie keine Kinder haben, steht Ihnen jede Menge Zeit zur Verfügung, selbst nachzulesen.

**DER TWIST** war zu Beginn der 1960er der erste wirklich internationale Modetanz. Der Name tauchte erstmals 1959 in dem Titel »The Twist« auf der B-Seite der Single »Teardrops on Your Letter« von Hank Ballard auf, doch der Königsmacher Dick Clark glaubte, seinem jugendlichen Publikum den etwas anrüchigen Ballard nicht verkaufen zu können und nahm ein Jahr später mit dem blitzsauberen Chubby Checker eine Coverversion des Liedes auf. Checkers Version von »The Twist« kam im Sommer 1960 auf den Markt und war 1960 und noch einmal 1962 der Nummer-eins-Hit in den amerikanischen Single-Charts.

***Twist-Discografie***

- »The Twist« von Hank Ballard and The Midnighters (Nr. 28, 1960)
- »The Twist« von Chubby Checker (Nr. 1, 1960; Nr. 1, 1962)
- »Let's Twist Again« von Chubby Checker (Nr. 8, 1961)
- »Twistin' USA« von Danny and The Juniors (Nr. 20, 1961)
- »Slow Twistin'« von Chubby Checker (Nr. 3, 1962)
- »Peppermint Twist – Part 1« von Joe Dee and The Starliters (Nr. 1, 1962)
- »Hey, Let's Twist« von Joe Dee and The Starliters (Nr. 20, 1962)
- »Dear Lady Twist« von Gary »U.S.« Bonds (Nr. 9, 1962)
- »Twist, Twist, Señora« von Gary »U.S.« Bonds (Nr. 9, 1962)
- »Twistin' Postman« von The Marvelettes (Nr. 34, 1962)
- »Twistin' the Night Away« von Sam Cooke (Nr. 9, 1962)
- »Twist and Shout« von den Isley Brothers (Nr. 17, 1962)
- »Twist-Her« von Bill Black's Combo (Nr. 26, 1962)
- »Soul Twist« von King Curtis and The Noble Knights (Nr. 17, 1962)
- »Bristol Twistin' Annie« von den Dovells (Nr. 27, 1962)
- »Percolator (Twist)« von Billie Joe and The Checkmates (Nr. 10, 1962)
- »Twist It Up« von Chubby Checker (Nr. 25, 1963)
- »Twist and Shout« von den Beatles (Nr. 2, 1964)

Das sind nur die Titel, die es in die US-Charts geschafft haben; im Ramschregal der Geschichte liegen noch jede Menge gesprungene Platten … »The Chicken Twist«, »The Headhunter Twist«, »Bei Mir Twist Du Schön« (alias »Hefezopf-Twist«) usw.

# JAI ALAI

Baseball gilt allgemein als der Nationalsport der USA, aber in den dunkleren Winkeln des amerikanischen Bewusstseins herrscht weitgehend unangefochten die Faszination für das leicht verdiente Geld: das Zocken.

Klar steht es den Amerikanern frei, auf die Rennbahnen zu stürmen und Geld auf Pferde oder Hunde zu setzen, aber wenn Sie tierfreien Sport mit Wettmöglichkeiten vor Ort vorziehen, gibt es nur eines: Jai Alai, den schnellsten Sport der Welt.

Als Erfindung der spanischen Basken im 16. Jahrhundert gelangte Jai Alai (was so viel heißt wie »fröhliches Fest«) 1904 anlässlich der Weltausstellung in St. Louis nach Amerika. In den 1920ern wurden Jai-Alai-Hallen, auch bekannt als »Frontóns«, in Miami, Chicago und New Orleans eröffnet, aber der Sport war nur in Florida ein Erfolg, wo Wetten auf das Spiel nicht verboten waren.

Die Spielregeln sind die gleichen wie beim Handball, nur dass mit einem Ball (»Pelota« genannt) gespielt wird, der härter und schwerer ist als ein Golfball und der mit einem am rechten Unterarm des Spielers befestigten (als »Cesta« bekannten) Weidenkorb an die Wand geworfen wird. Gewettet wird auf Matches zwischen einer Gruppe von Einzelspielern oder Doppelteams, die den Wettenden als Erst-, Zweit- oder Drittplatzierte Gewinne bescheren können.

Jai Alai hält den Guinnessrekord als schnellstes Spiel der Welt mit einer Ballgeschwindigkeit von über 250 km/h.

# Spickzettel der Romane, über die man spricht

Schummeln Sie sich durch jede Partyunterhaltung, ohne wertvolle Trinkzeit mit Lesen zu vergeuden. Prägen Sie sich das Folgende ein, und schon haben Sie mit Ihrer gewinnenden Art des »belesenen Menschen« die Columbia-Studentin und/oder das Chefbüro (je nachdem, auf welchem Feld Sie sich betätigen) im Sturm erobert.

**Hasenherz** von John Updike (1960) – Sex führt zur Ehe führt zum außerehelichen Sex führt zum Tod führt zurück zur Ehe.

**Atlas wirft die Welt ab** von Ayn Rand (1957) – Ein glühendes Plädoyer für Kapitalismus und Egoismus in Form eines Science-Fiction-Schmierenromans.

**Meditations in an Emergency** von Frank O'Hara (1957) – Poetische Gedanken über Liebe, Sex und den Sinn des Lebens in New York City um die Jahrhundertmitte, ohne große Hoffnung für eines der oben Genannten.

**Schall und Wahn** von William Faulkner (1929) – Eine Südstaatenfamilie erlebt ihren Niedergang in einer verschlungenen Erzählung, die zwischen den Perspektiven eines Harvard-Studenten und eines »einfachen« Jungen pendelt.

**Der Weiblichkeitswahn** von Betty Friedan (1963) – Was passiert, wenn man Mädels zur Uni schickt und sie dann nötigt, ihren Job für Mann und Kinder an den Nagel zu hängen?

**Sex und ledige Mädchen** von Helen Gurley Brown (1962) – Wie man es anstellt, eine sowohl reu- als auch skrupellose Schlampe von einer Frau zu sein – von der späteren Cosmopolitan-Gründerin.

**Der stumme Frühling** von Rachel Carson (1962) – Erinnern Sie sich noch an DDT? Nein? Dann danken Sie Ms Carson. (Manche Leute möchten ihr auch für die weltweite Wiederverbreitung der Malaria danken, aber das ist eine andere Geschichte …)

Werfen Sie mit Anspielungen auf **Die geheimen Verführer** (1957), **Herr und Opfer der Organisation** (1956) und **Menschen im Büro** (1951) um sich … Es geht nicht um den Inhalt, sondern um die Tatsache, dass Sie sich der Existenz dieser Bücher bewusst und somit vertraut sind mit der Scheinwelt der modernen Gesellschaft.

# REITKUNST FÜR DIE GLÜKLICH VERHEIRATETE HAUSFRAU

Manchmal ist Ihr Galopp nicht mehr das, was er einmal war. Und auch sonst haben Ihre Reitkünste nachgelassen. Aber es ist so einfach, Ihren Schritt, Trab und Galopp zu verbessern, als würden Sie um fünf einen Braten in den Ofen schieben, weil Sie um sechs Ihren Ehemann aus dem Büro zurückerwarten, der allerdings ohne den Hauch einer Erklärung erst um zehn nach Hause kommt. Genauso einfach ist es!

Bereiten Sie, wenn Sie in den Stall fahren, immer ein Programm, nicht aber einen Zeitplan vor. Und halten Sie sich an Ihr Programm. Ändern Sie es nicht, weil eine »Sitzung« anberaumt wurde oder eine »geheimnisvolle nächtliche Telefonkonferenz« stattfinden muss oder es unvermittelt zu einer »Rückblende in die Vergangenheit« kommt.

Damit ein Pferd im Trab weiter ausgreift, müssen Sie es in eine konstante Verbindung treiben. Sie und das Pferd sind diejenigen, zwischen denen die Verbindung bestehen soll. Nicht das Pferd und seine Sekretärin.

Wenn Sie zum ersten Mal mit Ihrem Pferd springen, lassen Sie es im Schritt über die am Boden liegenden Hindernisstangen gehen und übereilen Sie nichts, denn manche Dinge fallen Ihrem Pferd schwer – sich zu erinnern, wie man auf ein Cavaletti-Hindernis zureitet beispielsweise oder dass man nicht mit der Lehrerin seiner Kinder schlafen soll. Das Gehen über Hindernisse fördert auch Gleichgewicht und Koordination Ihres Pferdes.

Erlauben Sie Ihrem Pferd nie, kehrtzumachen und noch einmal das Hindernis anzupeilen. Wenn Sie das zulassen, lernt Ihr Brauner, Nein zu sagen, und das geht nicht. Er hat geschworen, in guten wie in schweren Tagen mit Ihnen zu springen, bis dass der Tod euch scheidet, und an diesen Schwur *muss* er sich halten. Fangen Sie mit niedrigen Sprüngen an, die er aus dem Stand ausführen kann.

Wenn Sie für diesen Tag Schluss machen, denken Sie daran, Ihr Pferd für seine gute Arbeit zu belohnen, indem Sie es striegeln und seine Hufe auskratzen. Das festigt die Bindung zwischen Pferd und Reiterin. Aber dann greifen Sie sich den Stalljungen und küssen ihn zärtlich vor den Augen Ihres Pferdes, damit es weiß, wer hier das Sagen hat.

Wenn das Pferd beim Schulterherein zu viel Biegung im Hals hat, versuchen Sie folgende Korrektur: Tun Sie so, als sollte das Pferd nach der Ecke in die Diagonale gehen, reiten dann aber stattdessen Schulterherein eine lange Seite. Solche Psychospiele sind manchmal gut, weil Sie wissen, was das Beste ist, und das Pferd wird übermütig, wenn Sie durchschaubar sind.

Achten Sie darauf, wie Ihr Pferd reagiert. Sehen Sie, wie es sich fühlt. Auch wenn es ihm völlig egal ist, wie Sie sich fühlen. Ihrem Pferd fehlt der Antrieb, hart zu arbeiten, wenn es müde ist. So wie Sie jeden Antrieb verlieren, wenn die Hemden Ihres Mannes nach Parfüm riechen, das nicht Ihres ist.

Wenn Ihr Brauner den Kopf nicht stillhält, reagieren Sie nicht und ziehen Sie nicht. Bewahren Sie die Ruhe. Halten Sie die Hände tief und verlangen Sie mehr Biegung, damit sich seine verkrampften Muskeln lockern. Später nehmen Sie sein Geld und renovieren damit Ihr Wohnzimmer als Wiedergutmachung für seinen Ungehorsam.

Um die Jahrhundertmitte gibt es in Amerika nichts, was so romantisch, so raffiniert, so *oh-là-là* wäre wie Frankreich. Pudel. Salatsauce. Singende Nonnen.* Authentizität ist zweitrangig neben dem geheimnisvollen *Je ne sais quoi* alles Französischen.

Unnötig, in jahrelanger Mühe die Sprache zu lernen. Die Sätze und Wörter des folgenden Liedes versteht auch, wer kein Französisch kann. Begleiten Sie sich selbst mit einer beliebigen Melodie, die in Ihren Ohren »französisch« klingt.

# Chanson-d'Amour-Découpage

L'amour est un cul-de-sac
Avec deux maisons et Honoré de Balzac
Mont-blanc cœur est à la carte
Mon aide-de-camp est avant garde

*Refrain:*
Au revoir, mon bon vivant!
Nouveau riche chauffeur
Déjà vu à la soirée
Avec mon au pair

*Strophe:*
Je t'aime mais macramée mêlée
Vous aimez le fois gras sommelier
Nous sommes bric-à-brac vinaigrette
Enfant terrible eau de toilette

Beaucoup après moi, le déluge
Mon pièce de résistance au jus
Droit du seigneur, cherchez la femme
Votre Grand Prix est t'aime

Répondez s'il vous plaît
Répondez s'il vous plaît!

Die Liebe ist eine lange Straße
Mit Villen und den Teilen honoriger Herren
Mein reines Herz ist, was es scheint
Der Beistand, den es empfängt, kommt vom Theater

*Refrain:*
Leb wohl, mein Don Juan!
Frisch entlohnter Taxifahrer
Ich sah dich auf der Party
Mit einer jungen Dame

*Strophe:*
Ich liebe Streit auf deine Art
Du liebst den Leberordner
Wir kommen nicht miteinander aus
Wessen Parfüm ist das?

Ich ließ eine Riesenpfütze
Köstlicher Bratensauce zurück
Du hat ein Recht darauf, mich zu suchen
Du hat meine Liebe gewonnen

Setz dich baldmöglichst mit mir in Verbindung
Ich warte!

oh là là!

*Eigentlich belgische.

# Mark Rothko und die Last der Berühmtheit

Obwohl Mark Rothko vor allem durch seine »verwischten Farbfelder« Berühmtheit erlangt hat, trat dieser Stil erst relativ spät in seiner künstlerischen Laufbahn in Erscheinung – nämlich erstmals 1946.

In diesen monochromen Feldern aus reinen, mit Binder gemischten Pigmenten, die er methodisch Schicht um Schicht auf riesige Leinwände auftrug, fand Rothko das, was er den »Atem des Lebens« nannte, ungeahnte Möglichkeiten ohne die Beschränkung gegenständlicher Formen. Besuchern, die sich 1950 und 1951 seine Einzelausstellungen ansahen, empfahl er, sich sehr dicht vor die Bilder zu stellen und quasi mit den Farbfeldern zu verschmelzen. Das MoMA widmete dem Abstrakten Expressionismus 1952 die Ausstellung »Fifteen Americans«, in der unter anderem Rothkos Werke neben denen von Jackson Pollock und William Baziotes gezeigt wurden.

Rothkos Stern war im Aufgehen begriffen, aber er war nicht rundum glücklich mit seinem zunehmenden Erfolg. Obwohl sich damit seine finanzielle Situation nach Jahrzehnten ständiger Geldsorgen entspannte, wetterte er gegen die betuchten Trendjäger, die seine Bilder über den Kamin hängten, um die Nachbarn damit zu beeindrucken. Als eines seiner Bilder im Wirtschaftsmagazin *Fortune* als gute Investition bewertet wurde, schmähte ihn sein langjähriger Freund Barnett Newman als einen von spießbürgerlichen Ambitionen getriebenen Verräter.

Inspiriert durch einen Besuch des Michelangelo-Saals in der Bibliothek von San Lorenzo in Florenz, begann Rothko, die Hängung seiner Bilder zunehmend zu überwachen. Ihm schwebte vor, intime, kapellenartige Räume zu schaffen, in denen der Betrachter in den Farben und der Bedeutung der Felder aufgehen konnte. Als der Architekt Philip Johnson ihn 1958 beauftragte, eine Reihe von Wandbildern für das Restaurant Four Seasons im modernen Seagram Building (entworfen von Johnson und Mies van der Rohe) zu malen, schien das eine einmalige Gelegenheit. Obwohl der Auftrag Rothkos Eitelkeit und seinem Ego schmeichelte, kündigte er an, etwas malen zu wollen, »das jedem Scheißkerl, der je in diesem Raum isst, den Appetit verdirbt«.

Innerhalb von drei Monaten malte Rothko vierzig Bilder für das Seagram Building – drei vollständige Serien in düsteren Rot- und Brauntönen. Doch etwas änderte sich, nachdem Rothko zum ersten Mal in dem ultraluxuriösen Restaurant gegessen hatte. Er gab die erhaltene Anzahlung und den Auftrag zurück. Die für das Four Seasons bestimmten Bilder wurden für Jahre eingelagert und schließlich an verschiedene Sammler verkauft. Die Beweggründe für sein Handeln nannte er nie.

Rothko war nicht gut auf die jüngere Generation von Pop-Art-Malern zu sprechen, deren Bilder die reichen Sammler um 1960 bevorzugt zu kaufen begannen – Lichtenstein, Rosenquist und Andy Warhol (ehemaliger Werbegrafiker). Er bezeichnete sie als »Scharlatane und junge Opportunisten« und ihre Werke als oberflächlichen Schund.

Am 25. Februar 1970 wurde Rothko von seinem Assistenten tot auf dem Küchenboden gefunden, nachdem er sich mit Antidepressiva vollgepumpt und die Pulsadern aufgeschnitten hatte.

# MAINSTREAM & GEGENKULTUR

# Sprüche für wohlmeinende Spießer

Dass Sie Business-Anzüge tragen und für den Big Boss arbeiten (und noch dazu für ein ziemlich eindrucksvolles Gehalt) heißt noch lange nicht, dass Sie nicht auf Du und Du mit der Bürgerrechtsbewegung stehen könnten. Versuchen Sie es mit den folgenden Gesprächsbeiträgen, um sich mit dem Zeitgeist – und mit Ihren Kampfgenossen – zu verbinden:

- »Ich habe sämtliche Harry-Belafonte-Alben.«
- »Sagen wir, ich will dir einen Fernseher verkaufen. Wie müsste ich das am besten anstellen … bezüglich der Gleichberechtigung, meine ich?«
- »Unsere Einkommensunterschiede sind so uncool, Mann.«
- »Ich fand das Dred-Scott-Urteil schon immer falsch.«
- »Ich komme wirklich sehr gut mit meiner Haushälterin aus.«
- »Diese ›Ich habe einen Traum‹-Rede war so bewegend. Dabei fällt mir ein, dass ich manchmal träume, meine Mutter rennt mit einer riesigen Schere hinter mir her … Was das wohl zu bedeuten hat?«
- »Sag mal, habe ich dein Kind nicht neulich in den Schulbus zur Schule meines Kleinen steigen sehen?«
- »Wie viele Krawatten soll ich für die Freiheitsfahrt einpacken?«
- »Ich war als der Medgar Evers meines Eating Clubs in Princeton bekannt.«
- »Say Hey, Willie Mays! Und damit will ich sagen, dass ich nicht glaube, du wärest wirklich Willie Mays.«
- »Hast du noch Erinnerungen an deine Kindheit in einer armen, aber stolzen Familie? Ich bin mit einem Redakteur des *Atlantic Monthly* befreundet, und die sind ganz versessen auf so einen Stuss.«
- »Stört es euch, wenn ich beim nächsten Spiritual ein Tamburinsolo einlege? Keine Sorge, ich habe eins von zu Hause mitgebracht.«

## In oder Out

**IN:** Allen Ginsbergs »Geheul« auswendig lernen.

**OUT:** Es zur Melodie von »Hello Muddah, Hello Faddah« deklamieren.

**IN:** Über die sich zuspitzende Lage in Vietnam diskutieren.

**OUT:** Den chinesischen Besitzer Ihrer chemischen Reinigung imitieren.

**IN:** Erwähnen, dass man Bob Dylan für den aufregendsten neuen Künstler hält, den man seit Jahren gesehen hat.

**OUT:** Hinzufügen: »Aber ich glaube, er ist Jude.«

**IN:** *Der unsichtbare Mann* von Ralph Ellison lesen.

**OUT:** Sich den Film *Der unsichtbare Mann* anschauen, damit man weiß, um »was es im Wesentlichen geht«.

# Psychoanalyse erobert Popkultur

1956 wäre Sigmund Freud hundert geworden, und dieses Jubiläum rückte die Psychiatrie in den Brennpunkt des öffentlichen Interesses.

Natürlich gab es auch eine Menge wissenschaftlicher Publikationen, und selbst diese waren sehr erfolgreich. Die Amerikaner stürmten die Buchläden, als Herbert Marcuses Freud-Kritik, *Triebstruktur und Gesellschaft,* 1961 erstmals als Taschenbuch auf den Markt kam. Und das ist kein Wunder, denn Marcuse legte darin den Grundstein für die wenige Jahre später losbrechende sexuelle Revolution, indem er einen Bezug zwischen sexueller und politischer Befreiung herstellte.

In der amerikanischen Literatur waren psychische Erkrankungen und der Umgang mit ihnen seit Jahren ein Thema, aber kein Buch ging so hart mit der Psychiatrie ins Gericht wie *Einer flog über das Kuckucksnest* von Ken Kesey. Der Roman war 1962 ein Bestseller und diente 1963 als Vorlage für ein erfolgreiches Broadway-Stück. Die vernichtende Kritik an Konformismus und Institutionalisierung der Gesellschaft machte das Buch zu einem wichtigen Pfeiler der Gegenkultur der 1960er.

Die obsessive Beschäftigung mit der Psychiatrie beschränkte sich keineswegs auf künstlerische und intellektuelle Kreise. Schon Mitte der 50er-Jahre wurden in den Frauenzeitschriften *Mademoiselle* und *Good Housekeeping* Artikel und Kolumnen zur Psychoanalyse veröffentlicht. 1955 publizierte der Verlag Entertaining Comics, der für Horrorserien wie *Tales from the Crypt* und *The Vault of Horror* bekannt war, ein Sonderheft mit dem Titel *Psychoanalysis Nr. 1*. Die Folksängerin Katie Lee brachte zwei Alben mit ausschließlich psychoanalysebezogenen Comedy-Titeln heraus: *Songs of Couch and Consultation* (1957) und *Life Is Just a Bed of Neuroses* (1960), die Lieder wie »Repressed Hostility Blues«, »The Ballad for Group Therapy« und »We Must Adjust« enthielten.

Bei allem Einfluss, den die Psychiatrie auf die Popkultur hatte, leuchteten Amerikas Neurosen doch am hellsten auf der Kinoleinwand. In welchem Maße die Couch Einzug im amerikanischen Heim hielt, zeigte sich am deutlichsten in John Hustons Filmbiografie *Freud*, in der ein leidgeplagter Montgomery Clift die Hauptrolle spielte. Authentischer war die Rolle des Psychiaters in der Gesellschaft 1963 in dem Film *Captain Newman, MD* dargestellt. Der von Gregory Peck gespielte Doktor Newman war Psychiater, der Veteranen des Zweiten Weltkriegs wegen posttraumatischer Belastung behandelte, lange bevor der Begriff in den allgemeinen Wortschatz Eingang fand. Er vermittelte das Bild des Psychiaters als einfühlsamer Therapeut im ständigen Kampf gegen die Übel dieser Welt.

Diese Streifen waren möglicherweise zum Teil eine Reaktion auf den 1960 gedrehten Film *Psycho*, der unsere hartnäckige Angst zum Ausdruck brachte, dass in jedem von uns, egal wie sehr wir uns bemühen, unseren Mutterkomplex zu verarbeiten, immer ein messerschwingendes Söhnchen einer dahingeschiedenen Mama stecken könnte.

# MODERNISIERUNG DER KIRCHE

1962 ging so ziemlich jeder römisch-katholische Amerikaner sonntags in die Kirche, aß freitags Fisch und hielt, abgesehen davon, dass er sich ein Bild von Kennedy ins Wohnzimmer hängte, Glauben und Politik fein säuberlich auseinander. Priester feierten die Messe in lateinischer Sprache und kehrten der Gemeinde dabei den Rücken zu. Doch 1965 wurde mit dem Zweiten Vatikanischen Konzil so gut wie alles anders.

Innerhalb von nur drei Jahren beschlossen die Bischöfe in Rom eine Reihe einschneidender Veränderungen. Die offenkundigste war die Tatsache, dass sich die Priester vom Altar ab- und den Gläubigen zuwandten und dass sie eine Sprache benutzten, die von den Kirchgängern verstanden wurde. Das Konzil befand, dass Laien eine größere Rolle in der Kirche spielen sollten, und die Veränderungen schufen die liturgischen Voraussetzungen dafür.

Weniger offenkundig, dafür aber umso wichtiger war die Aufforderung des Konzils an die Kirche als Institution und an jeden einzelnen Gläubigen, sich der modernen Welt zu öffnen, statt sich ihr überlegen zu fühlen. So schrieb das Konzil: »Freude und Hoffnung, Trauer und Angst der Menschen von heute, besonders der Armen und Bedrängten aller Art, sind auch Freude und Hoffnung, Trauer und Angst der Jünger Christi.« Mit dieser Handlungsaufforderung näherte sich die Kirche dem Geist des gesellschaftlichen Umbruchs an, der sich auf den Straßen Bahn brach. So konnte man nach dem Konzil junge Gemeindepriester sehen, die Gitarre spielend in Antikriegsdemonstrationen mitmarschierten, statt über ihren Altar gebeugt kaum hörbar eine Messe vor sich hin zu murmeln.

Besonders aufmerksam verfolgten die New Yorker dank ihres für seine konservative Haltung bekannten Erzbischofs die Veränderungen. Francis Kardinal Spellman, Erzbischof von New York, hatte an dem Konzil teilgenommen und lehnte viele der darin beschlossenen Reformen entschieden ab. Die Einführung der volkssprachlichen Liturgie, von ihm kommentiert mit den berühmten Worten: »Keine Veränderung kommt an der Freiheitsstatue vorbei«, war ihm ebenso ein Dorn im Auge wie die gesellschaftspolitischen Umtriebe von Priestern wie David Kirk, Philip und Daniel Berrigan und anderen Kirchenmännern, die sich das Ziel gesetzt hatten, die katholischen Lehren in die Bürgerrechtsbewegung zu tragen.

# DAS TRAUMAUTO FÜR DEN AUFSTREBENDEN MANAGER

Wir sind in Amerika. Mit dem Auto, das Sie fahren, zeigen Sie dem Rest der Welt, dass Sie wichtig sind, wichtiger, als die anderen je sein werden, und dass Sie außerdem nie und nimmer sterben werden. Auf welche Ausstattung sollten Sie achten, damit alle Gaffer vor Neid grün und gelb werden und Sie selbst sich Ihrer ständig zunehmenden Wichtigkeit noch sicherer sein können?

**Spezialgefertigte Lederbezüge:** Sie absorbieren Tabakrauch, sodass Sie Ihre Zigarre, Pfeife oder Zigarette noch Stunden, nachdem Sie sie ausgemacht haben, genießen können. Das nennt man Wert.

**Ausfahrbare Beifahrer-Wärmelampe:** So können die Damen ihre Frisur während der Fahrt richten.

**Dynamischer Surroundsound:** 100 Prozent klangechtes HiFi-Real-Sound-Audiosystem (zwei Lautsprecher).

**Vier handbetriebene Müllentsorgungsluken** (alias Fenster)

**Faltenfeste Instant-Bügel-Sitze:** Minimieren nicht nur die Knitterfalten am Rücken des Jacketts, sondern fabrizieren auch Bügelfalten in die Hosenbeine.

**Erstaunliche fünf Meilen pro Gallone:** Maximiert den Spaß an der Zapfsäule!

**Extra Zigarettenanzünder** im Fond (für die Kinder).

**Extra Spoiler:** Ein Meter zusätzlich für den Fall, dass Sie sich ein bisschen mehr Respekt verschaffen wollen.

**Einklappbares Stiletto-Bremspedal:** Wenn Sie Ihrer Frau erlauben, eine kleine Spritztour damit zu machen, ist dieses pfenniggroße Pedal genau richtig für ihre zierlichen Absätze.

**Blinker:** Mit angenehmem und praktischem »Klick«-Ton.

**Extrabreiter Radstand:** Zeigt anderen Fahrern, dass Sie es ernst meinen. (Eineinhalbmal so breit wie das Bett Ihrer Frau und Ihr eigenes zusammen ist eine gute Faustregel.)

# Der Internationale Stil

Obwohl New York die Wolkenkratzer nicht erfunden hat, verdankt die Stadt ihren Kultcharakter doch weitgehend ihrem dichten Dschungel himmelragender Gebäude. Die im 19. und 20. Jahrhundert entstandenen Hochhäuser von Gotham City waren vor allem Hommagen an die Unternehmenslenker, die ihren Bau finanziert hatten. Ihre architektonische und ornamentale Gestaltung verströmte Glanz und Erhabenheit. Aber der wirklich archetypische New Yorker Wolkenkratzer von heute – dieser schnörkellose, rechteckige Glas-Monolith – entstand im Rausch des Wirtschaftsaufschwungs in der Nachkriegszeit als Manifestation einer Architekturbewegung, die als »Internationaler Stil« bekannt wurde.

Anfang der 1920er erstmals in der klassischen modernen Architektur in Deutschland verwendet und 1932 vom Museum of Modern Art im Zuge einer Ausstellung einer breiten Öffentlichkeit vertraut gemacht, war der Begriff Internationaler Stil gleichbedeutend mit riesigen, funktionalen Gebäuden ohne jede Ornamentik. Glatt. Nackt. Minimalistisch. Es war nichts daran, das keinem erkennbaren Zweck diente – nicht mehr und nicht weniger. Oder, wie es der Hauptvertreter des Internationalen Stils, Mies van der Rohe (1886–1969), in einem berühmten Satz ausdrückte: »Weniger ist mehr.«

Neben Mies (nicht vergessen: Sie müssen nur in die Architektur-Diskussion auf Ihrer nächsten Cocktailparty das Adjektiv »miesianisch« einwerfen, dann halten alle Sie für einen Experten) zählten zu den großen Nummern der Bewegung die Architekten Philip Johnson (1906–2005), Walter Gropius (1883–1969) und Le Corbusier (richtiger Name: Charles-Édouard Jeanneret-Gris, 1887–1965).

Beweise für die beherrschende Rolle des Stils stechen überall in der New Yorker Skyline ins Auge – das Seagram Building von Mies, das Lever House von Gordon Bunshaft, das MetLife Building (früher PanAm Building) von Emery Roth & Sons (Entwurfsberatung Walter Gropius) und der Hauptsitz der Vereinten Nationen von einem internationalen Architektenteam, zu dem Wallace Harrison, Oscar Niemeyer und Le Corbusier gehörten.

1960 stand der Internationale Stil im Zenit seiner Bedeutung – kam aber doch schon in die Jahre. Allmählich musste das strenge Form-folgt-Funktion-Prinzip der ironisierenden, anspielungsreichen Effekthascherei der Postmoderne weichen. Möglicherweise hat der Architekt Robert Venturi das letzte Wort mit seiner Replik an Mies und seine Mitstreiter des Internationalen Stils: »Weniger ist pure Langeweile.«

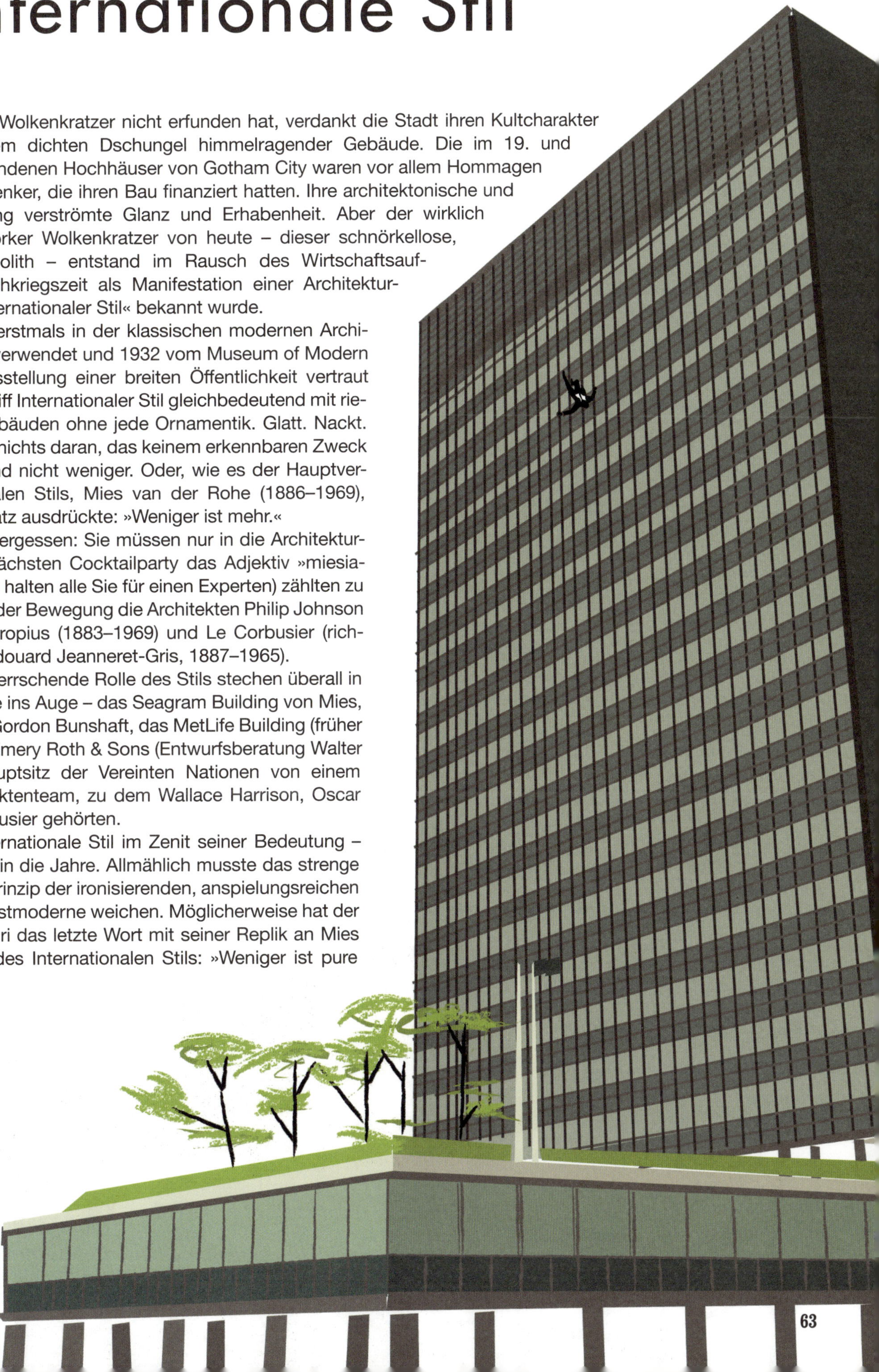

# SCHREIBEN SIE IHREN EIGENEN FOLKSONG

Folkmusik ist deshalb meist so grauenhaft, weil sie vom Volk gemacht wird.* Im Zeitalter der praktischen und ultrakomfortablen Bedienknöpfe hat sich die Wissenschaft eine narrensichere Methode für den Fall ausgedacht, dass Sie demnächst wieder einmal am Open-Mike-Abend mit einem überlaufenden Herzen und einem leeren Kopf in der Kneipe stehen.

Lernen Sie zuerst diese Akkorde:

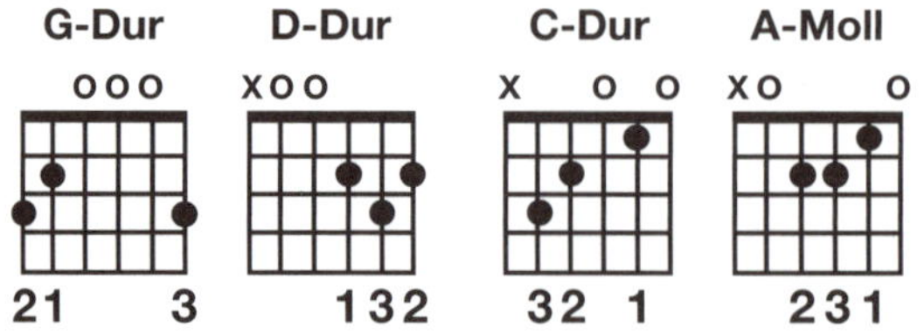


Folgen Sie nun der Texttafel:

**FOLKSONG-THEMA**

- Protest! (Dinge, die Sie nicht mögen)
  - Politik: Unterdrückung, Rechte, das Volk, Flächennutzungspläne
  - Krieg: Bombe, Schändung, Schmerz, Staunen
  - Arbeit: Feld, Geld, Hobel, nobel
- Einsamkeit (der Grund Ihrer Traurigkeit)
  - Eine Frau: Mary, Märchen, schaurig, haarig
  - Mehrere Frauen: Harem, Schrecken, unauffällig, widerspenstig
- Natur (Berge, Bahnlinien)
  - Blumen: Springkraut, Hyazinthe, Rose, Kreuzdorn, Aasblume
  - Tiere: Löwe, Giraffe, Bär, Ameisen

*Dieser Witz ist geklaut, Dank an Tom Lehrer.

## FOLKSONG-KULISSE

- Alte Zeiten
  - Wilder Westen
    - Revolverheld, Glockengebimmel, Stetson, Stiefsohn
  - Das gute alte England
    - Ritterstand, Herrenhand, Drachenmachen, Wundersachen
  - Die alten Griechen
    - Olympiade, Wein, Weisheit, Schultern
- Hier und heute
  - Eine Stadt
    - U-Bahn-Waggon, Schmuddelsalon, Radiator, Elevator
  - Eine Insel
    - Banane, Wellen, Schweiß, unerfüllte Wünsche
- Bahnlinie
  - Schienen
    - Kohlen, Bohlen, Fohlen, Lok-Konsolen

## FOLKSONG-REFRAIN

| | | |
|---|---|---|
| Und so ist es nun einmal<br>Wir haben's vielleicht nicht so weit gebracht<br>Aber so ist es nun einmal | Lass mich deine Stimme hören<br>Sing ein Lied davon<br>Gesungen ist gesungen, getan ist getan<br>Sing, sing, sing | Die Schönheit wird nicht untergeh'n<br>Der letzte Rächer ist gestrauchelt<br>Am Ende<br>ist der Kluge König |

Herzlichen Glückwunsch, Sie haben es geschafft, die Unterdrücker des Volkes in einem Raum zusammenzustauchen, der voll ist mit Leuten, die ohnehin Ihrer Meinung sind. Sind Sie ein Mann, stolpern Sie linkisch von der Bühne. Sind Sie eine Frau, ziehen Sie sich aus.

# REISEN

# Verführung in 6000 Kilometer Höhe

## Achten Sie auf die folgenden dezenten Hinweise auf den »Schärfe«-Grad Ihrer Stewardess:

- Streift Ihnen beiläufig den Ehering vom Finger, wenn sie Ihnen eine winzige Schachtel Erdnüsse reicht.
- Verpetzt Sie nicht beim Flugkapitän, wenn Sie Ihre Krawatte ein wenig lockern.
- Ihr Uniformhütchen ist besonders keck schief gerückt.
- Serviert Ihnen den erstklassigen, 12 Jahre alten kostenlosen Single Malt statt dieses lumpigen, 8 Jahre alten kostenlosen Single Malts.
- Steckt Ihnen »Li'l Pilot«-Plastikflügel zu, in die sie ihre Telefonnummer eingeritzt hat.
- Zeigt Ihnen die wirklich tollen landschaftlichen Merkmale, die Sie überfliegen, nicht das langweilige Zeug, das alle anderen zu sehen kriegen.

# NEW YORK, NEW YORK

## Lutèce

249 East 50th Street

Wenn alles schiefgeht und Sie das Gefühl haben, dass Ihnen die Felle davonschwimmen, ist dieses wunderbare französische Restaurant der richtige Ort, um die Dinge wieder in den Griff zu kriegen. Und sollten Sie etwas wiedergutzumachen haben, so erscheint selbst die halbherzigste Entschuldigung kostbar angesichts der Preise für ein Essen.

## Roosevelt Hotel

Madison Avenue und 45th Street

Diskretion lautet die Parole dieses vornehmen Etablissements. Das dunkle Holz birgt viele Geheimnisse, selbst solche, die Sie gar nicht herauslassen wollen. Aber hier gibt es auch ungeheuer viel Komfort. Wenn Sie in der Empfangshalle die Schuhe ausziehen, werden Sie das als gewaltige Erleichterung empfinden, so leicht Ihre Treter auch sein mögen.

## Bonwit Teller

5th Avenue und 38th Street

Eine Edelmodeboutique für die gehobene weibliche Kundschaft, die den Ball gerne flach hält. Sehr gut geeignet für einen längeren Aufenthalt oder auch für einen kurzen Abstecher aus dem Alltagstrott.

# P.J. Clarke's

## 3rd Avenue und 55th Street

Wer braucht den Broadway, wenn er in dieser lockeren irischen Kneipe selbst das Tanzbein schwingen kann? Hier muss keiner steif am Tisch sitzen. Einfach die Musik aufdrehen und loslegen!

# Oyster Bar

## Grand Central Station

Wetten, dass Sie in diesem unterirdischen Kleinod die besten Schalentiere kriegen, die Sie je gegessen haben? Wenn wir falsch liegen und die Meeresfrüchte nicht alles überbieten, was Sie sich erträumen können, fressen wir unsere Worte, auch wenn wir so voll sind, dass wir sie gleich wieder auskotzen.

**a.** Lutèce
**b.** Roosevelt Hotel*
**c.** Bonwit Teller
**d.** P.J. Clarke's*
**e.** Oyster Bar*

* 2011 noch in Betrieb

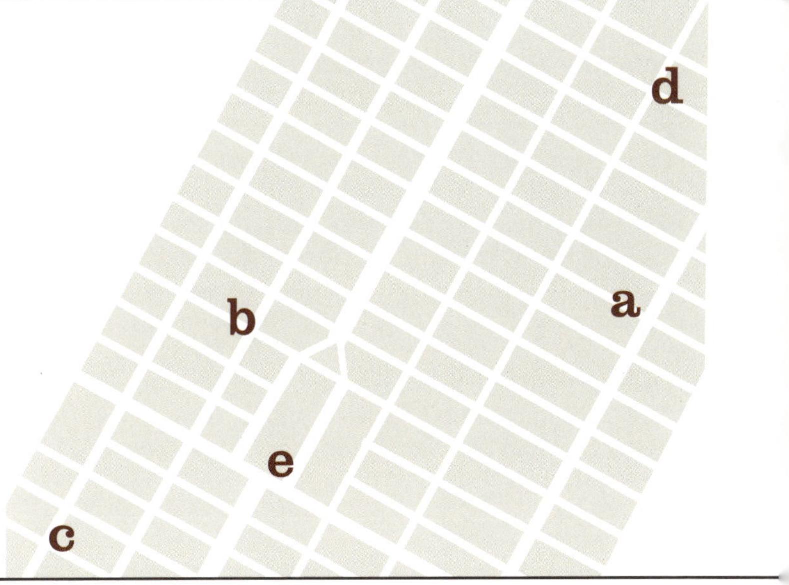

Am nordwestlichen Rand von Brooklyn, dem äußersten Bezirk, den man mit der alten U-Bahnlinie von Manhattan aus noch erreicht, liegt das gutbürgerliche Wohnviertel Bay Ridge, wo konservative Werte und ein ausgeprägter Familiensinn vorherrschen. Hier ist es keine Seltenheit, dass man auf Vier-Generationen-Familien trifft, die seit einem Jahrzehnt nicht mehr »in der Stadt« waren.

Der südliche Teil von Bay Ridge gilt allgemein als »italienisch«, während der Norden als »irisch« bezeichnet wird, obwohl er mindestens ebenso norwegisch ist. In der Blütezeit des Viertels lebten hier etwa 200 000 norwegische Einwanderer der ersten Generation, die auf der Straße, in den Geschäften und in der Kirche norwegisch sprachen.

Die Parade zum Tag der norwegischen Unabhängigkeit, auch Syttende-Mai-Parade genannt (17. Mai), ist der größte Festumzug in den Vereinigten Staaten und findet seit 1952 alljährlich statt. An diesem Tag marschieren scharenweise Menschen in Volkstracht durch die Fifth Avenue zum Leif Ericson Park, wo Miss Norwegen vor einer Leif-Ericson-Statue gekrönt wird, die 1939 von Kronprinz Olav von Norwegen gestiftet wurde.

Selbst eine eng vernetzte konservative Gemeinde kann dem unerbittlichen Hammer des Fortschritts zum Opfer fallen. Der umstrittene Stadtplaner Robert Moses feierte einen seiner letzten großen Siege, als er 7000 Bewohner von Bay Ridge für den Bau der Verrazano-Narrows-Brücke zwischen Brooklyn und Staten Island umsiedeln ließ.

Die Bauarbeiten dauerten von 1959 bis 1964, und sie ist immer noch die längste Hängebrücke der Vereinigten Staaten und die sechstlängste weltweit. Trotz erbitterter Proteste von Bewohnern und Gemeindeaktivisten ließ Moses Hunderte von Häusern abreißen, um Platz zu schaffen für die lange Brückenauffahrt, die parallel zur Seventh Avenue mitten durch das Viertel verläuft.

# Der Kampf um Penn Station

Der alte, 1910 erbaute Bahnhof Pennsylvania Station war ein Juwel der New Yorker Stadtarchitektur um 1900. Doch 1961 sahen die Stadtplaner das neoklassizistische Gebäude weniger mit Ehrfurcht an als mit gierigem Blick auf die vier Blocks in bester Innenstadtlage, die es einnahm. Man beschloss, den Gebäudekomplex abzureißen, den gesamten Bahnhofsbetrieb unter die Erde zu verlegen und den frei werdenden Baugrund für andere städtische Projekte zu nutzen – gemeint war vor allem Madison Square Garden.

Mit einem solchen Vorzeigeobjekt, so argumentierten die Befürworter des Vorhabens, würde man wertvolle städtische Flächen besser nutzen, die sehr wünschenswerte Ansiedlung von Firmen und Geschäften fördern – und die angeschlagene Pennsylvania Railroad Company vor dem Bankrott retten. Doch nicht alle New Yorker blickten wohlwollend auf dieses Bauvorhaben der öffentlichen Hand: Eine Gruppe von Architekten schloss sich zu einem Aktionsbündnis namens AGBANY (Aktionsgruppe für eine bessere Architektur in New York) zusammen. Schon bald waren ihre Parolen in Zeitungsanzeigen und auf Spruchbändern bei AGBANY-Kundgebungen zu lesen: »RENOVIEREN STATT AMPUTIEREN!« »RETTET UNSERE KULTURGÜTER!« »SEI EIN PENN-PATRON!«

Doch AGBANY und seine Unterstützer konnten den Lauf des Fortschritts nicht aufhalten: Am 28. Oktober 1963 wurde mit dem Abriss begonnen. Die Fortschrittsverheißung der Moderne, alles besser zu machen, als es früher war, erhob sich gegen den Bürgerstolz und besiegte ihn mit der Abrissbirne. Dennoch war der Protest der Aktivisten nicht völlig umsonst: Der ganze Aufruhr veranlasste den Bürgermeister von New York, Robert F. Wagner, mit der New York City Landmarks Preservation Commission eine Denkmalschutzbehörde einzurichten, deren höchstes Verdienst es sein sollte, den Grand Central Terminal vor dem gleichen Schicksal zu bewahren.

**Prominente Befürworter der Abrissaktion:**

**A. J. Greenough, Vorstandsvorsitzender der Pennsylvania Railroad Company**

**Irving M. Felt, Vorstandsvorsitzender der Madison Square Garden Corporation**

**Robert F. Wagner, Bürgermeister von New York City (mehr oder weniger; er verhinderte sie nicht)**

**Prominente Gegner der Abrissaktion:**

**Ada Louise Huxtable, Architekturkritikerin der *New York Times***

**Jane Jacobs, Autorin des Buches *Tod und Leben großer amerikanischer Städte***

**The American Institute of Architects (Berufsverband amerikanischer Architekten)**

**Daniel Patrick Moynihan, demokratischer Senator für den Staat New York**

**Philip Johnson, Architekt**

# Los Angeles ist einen Besuch wert!

## Beverly Hills Hotel

He, Sie da im grauen Flanell! Haben Sie im Hamsterrad der Ostküste Ihr altes Ich verloren? Laden Sie Ihre Batterien auf in dieser sonnenverwöhnten Fünf-Sterne-Residenz: Das Teeny-weeny-Bikini-Ambiente würde auch dem ausgelaugtesten Bürohengst ein Lächeln ins Gesicht zaubern. Und wenn Sie das Abenteuer suchen, kann die Jet-Set-Klientel, die an der Poolbar herumlungert, ganz sicher damit dienen. Extra-Tipp: Fliegen Sie mit TWA – der Gepäckservice lässt Ihre Träume wahr werden!

## Refugium am Strand

Wenn Sie aus dem Takt geraten sind, macht eine Spritztour nach San Pedro Sie wieder fit auf der Klaviatur des Lebens. Ein nachmittägliches Bad im Pazifik und Sie fühlen sich wie neugeboren. Keine Badehose eingepackt? In den Ramschläden rundum gibt es jede Menge Billigklamotten (auch bestens geeignet als Geschenk für Überraschungsgäste). Bringen Sie unbedingt kalifornische Orangen mit nach Hause und verheimlichen Sie niemandem, dass Sie auf Ihrem Westküstentrip eine neue Eroberung gemacht haben.

# Wolfe-Luftfahrt-Tagung

Sie wollen mit Ihrer Großraumlimousine auf Alan Shepards Spuren düsen? Die Erde wird still stehen, während Sie sich im endlosen Raum einiger der klügsten Köpfe des Atomzeitalters verlieren. Sie werden alle Ihre Bücher verbrennen wollen, um Platz zu schaffen für die Ideen, die Sie hier vorgetragen hören. Und, liebe Geschäftsleute, die ihr auf der Suche nach Inspirationen nach Art des Raumzeitalters seid: Diese Tagung wird euch mindestens drei Glückstreffer bescheren.

# Wonnen der Wüste

So gestresst vom hektischen Alltag der Stadt, dass Ihnen die Lebensfreude abhanden gekommen ist? Fahren Sie raus in ein Wüstenhaus in Palm Springs und relaxen Sie, Mann. Die moderne Architektur dieser Häuser wirkt so entspannend, dass man sich jederzeit einfach fallen lassen kann. Holen Sie versäumte Lektüre nach, springen Sie in den Pool oder lungern Sie einfach auf dem Sofa herum. Solche Wüstenhäuser sind bestens geeignet für Liebende, Ausländer, die ganze Familie oder alle auf einmal.

# Hässliche Amerikaner & die Ewige Stadt

**Gegenüber dem Bahnhof Termini in Rom … liegen fünf große Luxushotels … zu denen der amerikanische Tourist in allen Reiseführern und Urlaubsprospekten gelotst wird. Niemand sonst steigt hier ab. Betreten Sie eines dieser Häuser an einem Sommerabend, und Sie werden sich fühlen, als seien Sie nie von zu Hause weggefahren. Überall wird englisch gesprochen. In der Eingangshalle wird Bridge gespielt. Für 20 Dollar pro Tag in der Ewigen Stadt haben Sie sich das Äquivalent einer Versammlung der American Legion in Detroit eingehandelt.**

**—Arthur Frommer, *Europe on 5 Dollars a Day* (1957)**

Als der Zweite Weltkrieg 1945 endete, sahen die meisten Europäer Amerikaner als Befreier an, als GI Joes, die durch zerbombte Städte spazierten und Waisenkindern Schokoriegel schenkten. Lärmende amerikanische Touristen brauchten keine zwei Jahrzehnte, um das allmählich sich von den Kriegswehen erholende Europa zu überrennen und diesen guten Eindruck für immer zunichtezumachen. Um 1960 war aus GI Joe der hässliche Amerikaner geworden, der wissen wollte, IF ANYBODY AROUND HERE SPOKE ENGLISH: ENG-UH-LISH!

Italien wiederum gewann einen enormen kulturellen Einfluss; es war, in den Augen der Amerikaner, das Land von Gina Lollobrigida, Marcello Mastroianni und Sophia Loren. Hipster waren verrückt nach italienischen Schriftstellern und stürmten die Programmkinos, um sich *Das süße Leben* (1960) und *Achteinhalb* (1963) anzusehen. Alternde Männer fingen beim Anblick italienischer Rennwagen wie Ferrari und Maserati an zu sabbern. Und 1964 war die Hauptattraktion der Weltausstellung in New York Michelangelos Pietà (stilvoll präsentiert auf einer mit blauem Samt ausgeschlagenen und mit blinkenden Lichtern dekorierten Bühne, an der die Besucher auf bewegten Plattformen vorbeigeführt wurden).

Natürlich war Rom die Stadt der Wahl für den amerikanischen Touristen, der gern mit seinen Nachkriegsboom-Dollars um sich werfen wollte.

Sehenswürdigkeiten und Unternehmungen, die man nicht auslassen durfte:

- **VATIKANSTADT:** Zum ersten und vermutlich letzten Mal war es für Amerikaner aufregend, katholisch zu sein. 1959 war erstmals ein Katholik zum Präsidenten gewählt worden, und bis zu den Reformen des Zweiten Vatikanischen Konzils waren es nur noch ein paar Jahre. Aber um die Heilige Stadt sehen zu wollen, musste man kein Katholik sein. Die Kunst (einschließlich der Pietà ohne blauen Samt und bewegte Plattformen), die Gärten, die clownfischbunte Schweizergarde … alles war darauf angelegt zu beeindrucken. Man konnte stundenlang auf dem Petersplatz stehen und nach verräterisch aus dem Schornstein aufsteigendem Rauch Ausschau halten.
- **KOLOSSEUM:** Wer könnte hier mehr als ein paar Minuten verweilen, ohne sich in seiner Fantasie als Gladiator zu sehen? Oder als Wagenlenker? Oder als den Typen, der Eis zu Wucherpreisen verkauft? Oder als eine Meute von Wildkatzen?
- **TREVI-BRUNNEN:** Erlangte Berühmtheit durch den Liebesfilm *Drei Münzen im Brunnen* (1954) und seinen unerträglich eingängigen Titelsong – es heißt, wer eine Münze in den Brunnen wirft, kehrt unweigerlich nach Rom zurück. Um länger als geplant in Rom zu bleiben, werfen Sie Ihren Pass in den Brunnen.
- **RESTAURANTS:** Obwohl die italienische Küche exquisit ist, dauerte es eine Weile, bis sich Amerikaner, schockiert über die Entdeckung des »mehrgängigen« Menüs und der Tatsache, dass Pizza nicht das Standardhauptgericht ist, daran gewöhnten.
- **EINE VESPA LEIHEN:** Beliebt geworden durch den Film *Ein Herz und eine Krone* mit Gregory Peck und Audrey Hepburn (1953) – junge Touristenpaare liebten es, mit ihrem Roller über die Piazza zu düsen, Händchen zu halten, verliebt zu sein, keine Helme zu tragen – und am Ende vielleicht im gleichen Krankenhauszimmer zu landen.
- **IM HOTEL BLEIBEN:** Wie Arthur Frommer schon bemerkt hat, gab es eigentlich keinen Grund, bis in das von Italienern wimmelnde hoteleigene Straßencafé hinauszutreten, vor allem wenn man bedenkt, wie sauber und gepflegt so ein Hilton-Hotel ist. Was heißt *Hamburger* auf Italienisch? Hilton.

# VORBEREITUNG EINES HOTELZIMMERS FÜR EIN WERKTAGSRENDEZVOUS

**KENNEDYS *BUCH DER UNFEHLBAREN AUSREDEN*:** In diesem Nachfolgewerk seines Buches *Profiles in Courage* liefert der Präsident todsichere Alibis wie: »in der Wäscherei«, »mit dem Hund spazieren« und »in einer Kabinettsitzung«. Ihre Frau wird nie misstrauisch werden!

**FERNSEHER:** Lassen Sie ihn um Himmels willen ausgeschaltet. In diesen unruhigen Zeiten weiß man nie, welcher alberne Aufstand, Krieg, Mord oder noch Schlimmeres passiert und Ihnen die Stimmung verdirbt.

**FLAUSCHIGE PANTOFFELN:** Sie gönnen sich ohnehin schon etwas, warum also halbe Sachen machen?

**ZUSÄTZLICHE REISETASCHE:** Sie zahlen ja schon das Hotelzimmer, und die haben dort so viele Handtücher, dass sie ein paar davon nicht vermissen werden.

**SPERRIGES GESCHENK FÜR DIE GELIEBTE:** Achten Sie darauf, dass es unförmig, teuer und nicht umtauschbar ist. So hat sie immer ein kleines (großes) Ding von Ihnen, das sie an diese besonderen Stunden erinnert.

**BITTEN SIE DEN PORTIER UM EINE HI-FI-ANLAGE:** Denken Sie daran: Ostküsten-Jazz für davor – auf Touren kommen mit Charlie Parker, Thelonius Monk und Clifford Brown. Westküsten-Jazz für danach – abkühlen mit ein paar Takten Dave Brubeck.

**KNIESTÜTZEN:** Die Sekretärinnen werden von Jahr zu Jahr jünger, aber Sie sind kein junger Hüpfer mehr. Ein Quäntchen Vorsorge spart Ihnen jede Menge Rechnungen von Ihrem Osteopathen.

**GERAHMTES PORTRÄTFOTO VON IHRER FRAU:** Nur für fortgeschrittene Fremdgeher. Das Bild auf den Nachttisch stellen und im richtigen Moment zwischen Vorspiel und Geschlechtsverkehr mit melodramatischer Geste zur Wand drehen.

**ALKOHOL:** Ohne Gepäck einzuchecken wirkt verdächtig. Schlagen Sie zwei Fliegen mit einer Klappe und nehmen Sie einen dieser als Aktenmappe getarnten Schnapskoffer mit. Sieht beim Kommen wie beim Gehen geschäftsmäßig aus und enthält mehr als acht Sorten feiner Spirituosen.

SIGNATURE
EXCUSES
JOHN F. KENNEDY

# BESCHÄFTIGUNG AN REGENTAGEN

# Aktivitäten für Kinder

- **SITZOLYMPIADE**
  Testen Sie, welches der Kinder am schnellsten vom Beifahrersitz auf die Rückbank springen kann. So sind die Kleinen beschäftigt, während Sie herumfahren und Dinge erledigen.

- **PLASTIK-FANTASTIK**
  Warum Geld für Spielzeug und Bücher verschwenden, wenn Sie bei jedem Besuch in der chemischen Reinigung Spaß für einen Nachmittag gratis bekommen? Ihre kleinen Engel können nun Raumfahrer, Raumhelden, Supermänner, Superfieslinge, fiese Beutel, Beutelratten oder zu menschlichem Bewusstsein gelangte Plastiktüten sein! Das sind nur Vorschläge – lassen Sie der Fantasie freien Lauf! (Kleiderbeutel sind im Allgemeinen länger als ein Kind. Vielleicht stecken Sie sie ein bisschen hoch, damit die Kleinen beim Toben nicht darüber stolpern.)

- **VOR DER GLOTZE SITZEN**
  Wenn Kinder ihre Fantasie spielen lassen, hat das den Nachteil, dass es eine Menge Putzerei nach sich ziehen kann – eine Runde Cowboys und Indianer, und ehe Sie sich's versehen, liegt Ihr bester Kristallascher in Scherben am Boden! Gott sei Dank gibt es das Fernsehen. So sitzen die Kleinen nicht nur still, sondern die Geschichten sind historisch richtig, und die Kreativität der Kinder wird nicht überstrapaziert.

- **MAMIS TRÜBSAL EINEN NAMEN GEBEN**
  Kinder sind in ihrer Beobachtungsgabe wie Schwämme, sie achten genau auf Dinge, die wir Erwachsene als selbstverständlich nehmen. Machen Sie sich die natürlichen Gaben Ihres Nachwuchses zunutze, so sparen Sie sich das Geld für teure Analysen.

- **ZWISCHEN MAMI UND DADDY WÄHLEN**
  Reihen Sie Ihre Kinder der Größe nach auf. Erfinden Sie ein Szenario, in dem entweder Sie oder Ihr Mann stirbt (Herzschlag, Rassenunruhen, Atomschlag). Lassen Sie sie wählen, bei wem sie lieber leben würden und warum. Lassen Sie sie für den Fall einer späteren Scheidungsklage eine eidesstattliche Versicherung unterschreiben.

- **GESPENSTERSTUNDE**
  Junior wandert, das Gesicht hinter einer Plastikmaske in Form einer Comicfigur verborgen, schweigend durchs Haus. Sie werden sich wie in einem Bergman-Film fühlen!

- **BESTRAFUNGEN**
  Manchmal ist es zu viel des Spaßes. Wenn Ihnen der Spaß abhanden kommt, ist es Zeit, ein paar Strafen zu verhängen. Hysteriker verschwinden einen halben Tag in der Versenkung. Verbannen Sie die Tobsuchtsanfälle nicht in die Speisekammer, sondern in den Wäscheschrank; falls Sie die Kinder einmal über Nacht darin vergessen, haben sie etwas Weiches, um darauf zu schlafen.

# KUBAKRISE
# DIE ATOMARE BEDROHUNG
## EIN LUSTIGES BRETTSPIEL

START!

**Nehmen Sie gute alte amerikanische Münzen als Spielfiguren und kaufen Sie ein paar Würfel! Sie wollen Würfel mitgeliefert bekommen? Was sind Sie? Ein Kommunist?**

**SCHWEINEBUCHT-FIASKO 1961**
Den USA gelingt es nicht, Castro zu stürzen. Kuba fürchtet eine weitere Invasion, und die UdSSR sagt Kuba Unterstützung zu.
**2 Felder vorrücken**

**US-RAKETEN IN TÜRKEI & ITALIEN STATIONIERT**
Die Sowjets fühlen sich bedroht und werden nervös.
**1 Feld zurück**

**CIA HÖRT GERÜCHTE**
Kubaner prahlen mit ihren neuen »Geschenken« von den Sowjets.
**2 Felder vorrücken**

**GEHEIME ABSCHUSS-RAMPEN AUF KUBA ERRICHTET**
UdSSR schickt Einheiten, um die Stellung zu bemannen.
**1 Feld vorrücken**

**PRÄSIDENT TRIFFT SOWJETISCHEN AUSSENMINISTER**
Viel Gerede um nichts.
**1 Runde aussetzen**

**SOWJETISCHE RAKETEN TREFFEN AUF KUBA EIN**
**2 Felder zurück**

**U-2-AUFKLÄRUNGS-FOTOS**
Beweis!
**6 Felder vorrücken**

**EXCOMM WIRD BERUFEN**
**Nochmal würfeln**

**22. OKTOBER**
Präsident informiert in einer Radio- und Fernsehansprache die Öffentlichkeit über Raketenabschussrampen.
**Alle Spieler 1 Feld vorrücken**

**DEFCON 2**
Strategische Luftstreitmacht erhöht die Einsatzbereitschaft.
**2 Felder vorrücken**

**14. Oktober 1962: Ein U-2-Spionageflugzeug macht Aufnahmen von einer Raketenabschussbasis samt sowjetischen Atomraketen tief in den Wäldern Kubas! Angesichts der Tatsache, dass Kuba nur 150 km entfernt ist und die Reichweite dieser Kommunistengeschosse 4500 km beträgt, konnten diese niederträchtigen Roten mit einem Knopfdruck alle wichtigen amerikanischen Großstädte bis auf Seattle auslöschen.**

**Helfen Sie JFK und dem EXCOMM, die Bedrohung abzuwehren – handeln Sie schnell, die Zukunft der freien Welt hängt an Ihren Würfeln!**

# Spaß mit Tarot

Tarot, erfunden von den alten Ägyptern oder von höfischen Wahrsagern im mittelalterlichen Italien – je nachdem, wen man fragt –, ist sowohl ein Kartenspiel als auch eine Methode der Schicksalsdeutung. Wie beim normalen Kartenspiel besteht das Tarotdeck aus vier Farben, nämlich Stäben, Kelchen, Schwertern und Münzen. Neben den Farben, die im Tarot als kleine Arkana bezeichnet werden, gibt es 22 Trumpfkarten, die große Arkana. Diese umfasst die bekannteren Tarotkarten wie »Der Tod«, »Die Liebenden«, »Der Gehängte« und so weiter. Jede Karte birgt eine Reihe esoterischer Deutungen, je nachdem, wie die Weissagung zelebriert wird, welche Karte als nächste aufgedeckt wird, wie geschickt der Weissagende ist, wie hoch die Luftfeuchtigkeit ist und was Sie mittags gegessen haben.

Was aber hat der Fin-de-Siècle-Mystiker mit der amerikanischen Hausfrau um 1950 gemein? Den dringenden Wunsch natürlich, herauszufinden, wie die Sterne für die Menschen stehen! Wenn es also in Ihrem Leben einen grüblerischen, erfolgreichen Mann gibt, der dazu neigt, mit einem Martini in der Hand versonnen in die Ferne zu blicken, anstatt Ihnen zu sagen, woran er gerade denkt, ist die folgende Übung bestens für ihn geeignet, sofern Sie ihn davon überzeugen können, dass Sie ihm ein neues Kartenspiel zeigen wollen.

Suchen Sie als Erstes ein besonderes Behältnis. Inszenierung ist alles. Denken Sie eher an ein exotisch bedrucktes Halstuch als an Opas Zigarrenkiste. Blinzeln Sie beim Mischen der Karten oder beißen Sie sich bedeutungsvoll auf die Lippen, und vergessen Sie nicht, ein paar Karten mit theatralischem Schwung in der Senkrechten zu drehen, damit sie möglicherweise mit der Bildseite nach unten landen. Auch wenn Sie noch nicht das Gefühl haben, die kosmische Kraft zu berühren, könnte der Inhalt der Form folgen, wenn Sie so tun als ob. Fragen Sie Ihr Gegenüber, sobald die Karten gemischt sind, was er wissen möchte. Wenn er Ihnen an dieser Stelle auf die Pelle rückt, steht es Ihnen frei, die Sitzung zu beenden. Handelt es sich um eine platonische Beziehung und Ihre Rolle besteht lediglich darin, dem grüblerischen Mann bei der »Selbstfindung« zu helfen, während er auf Geschäftsreise in Kalifornien ist, dann legen Sie die Karten rautenförmig aus. Aufgedeckte Karten können Sie für Ihr Gegenüber positiv interpretieren. Wenn beispielsweise »Der Turm« erscheint, können Sie ihm sagen, dass seine Feinde in der Höllenglut eines verfluchten Wolkenkratzers brennen. Ist die Karte verdeckt, so ist dies ein negatives Zeichen – Ihr Grübler könnte verdammt sein, in die Tiefe zu stürzen.

Die Fähigkeit, die Karten zu lesen, kommt mit der Praxis. Machen Sie sich nichts daraus, wenn es nicht gleich beim ersten Mal klappt. Das eigenständige Deuten der Karten setzt Übung, Selbstvertrauen und die Kunst voraus, dem Mann zu sagen, was er Ihrem Wunsch nach hören soll –, und es so klingen zu lassen, als sei es das, was er hören will.

# MRS. JOAN HARRIS

nach Kostümentwürfen von janie bryant

Kill
BONWIT TELLER

Death Is
My Client
A Play in
One Act
by
Paul Kinsey

LADY CHATTERLEY'S LOVER
BY
D.H. LAWRENCE

Dyna Moe ist Illustratorin und Komikerin. 2008 wurde sie mit wöchentlichen Zeichnungen von Szenen aus der zweiten Staffel der Serie *Mad Men* zur Internetberühmtheit und illustrierte den sehr beliebten Avatar-Generator »Mad Men Yourself« für AMC. Sie lebt in New York. Dies ist ihr erstes Buch.

**nobodyssweetheart.com**